U0591159

心静兰馨

把唯一的童年留给孩子

陆月崧　著

SPM 南方传媒

全国优秀出版社
全国百佳图书出版单位

广东教育出版社

·广州·

图书在版编目（CIP）数据

心静兰馨：把唯一的童年留给孩子/陆月崧著.--广州：
广东教育出版社，2024.10.--ISBN 978-7-5548-6324-4

I.G612

中国国家版本馆CIP数据核字第2024V9C386号

心静兰馨——把唯一的童年留给孩子

XINJINGLANXIN——BA WEIYI DE TONGNIAN LIUGEI HAIZI

出 版 人：朱文清

选题策划：林检妹

责任编辑：阳 洋 林检妹

责任技编：杨启承

封面设计：集力書裝+彭力

装帧设计：意童文化

出 版：广东教育出版社

（广州市环市东路472号12—15楼 邮政编码：510075）

销售热线：020-87615809

网 址：http://www.gjs.cn

邮 箱：gjs-quality@nfcb.com.cn

经 销：广东新华发行集团股份有限公司

印 刷：广州市岭美文化科技有限公司

（广州市荔湾区花地大道南海南工商贸易区A幢）

规 格：787 mm×1092 mm 1/16

印 张：19.5

字 数：390千

版 次：2024年10月第1版
　　　　2024年10月第1次印刷

定 价：78.00元

如发现因印装质量问题影响阅读，请与本社联系调换（020-87613102）

序 一

我们需要大批好园长

回想起来，我与陆月崧园长相识已有25年了。在此期间，我曾到过顺德机关幼儿园（以下简称"顺德机幼"）6次之多。有一次，我甚至花了一周时间住在幼儿园，与陆园长和教师们深入交流，共同探讨研究幼儿园教育的各项问题。

在我的眼里，陆园长是一位与众不同的园长。毋庸置疑，能够在一所当地声誉卓著的幼儿园担任正园长达30多年之久，不被当地老百姓高度认同和赞赏，不被数度变更的幼儿园教职工普遍敬重和拥戴，不被政府职能部门一贯信赖和肯定是不可能的。

25年前，我第一次踏足顺德机幼，首先映入眼帘的是大门口上的通栏标语："把唯一的童年留给每个孩子。"这是陆园长精心凝练的办园理念。在随后的时间里，我不断看到这种理念是如何落实在教师行动之中的。

自2000年起，顺德机幼推行"融合共生教育"，允许"特殊需要"幼儿随班就读。20多年来，该园帮助过130多个家庭，其中95%的幼儿能顺利走进小学、中学乃至大学。陆园长跟进和服务这些儿童，直至他们进入大学。

2001年，顺德机幼开办"双语班"，从一开始就严格把握好教师关、教研关。而且，外教是要当班主任的，因此教学质量能得到保证，口碑一直很好。

顺德机幼始终重视课程建设，其课程内容深入生活，视野宽阔，也特别重视"五爱教育"，坚持以德为先，将立德树人落到实处。

在教师队伍建设方面，顺德机幼讲求实效，不拘一格培养一批批人才。在陆园长30多年的任职期间，前后培养了18位园长，其中包括6位男性园长。如今，他们在顺德区属幼儿园或同行业中发挥着聪明才智。许多教师成为当地名师，有的还成为广东幼儿园教师的榜样。

在陆园长的领导下，顺德机幼获得诸多荣誉，包括中国第五届（大、中、小、幼）创新教育成果博览（学前版块）提名奖、广东省教育创新成果一等奖、广东省和全国优秀（示范）家长学校等奖项。

从陆园长30多年任职经历中，我深深感悟到"有一个好园长，就会有一所好的幼儿园"，而"一所好的幼儿园，能为每个孩子的一生打下扎实的为人基础"的道理。

我们国家需要大批像陆园长这样的优秀领导者：有担当、有热情、有思想、有行动。

是为序。

朱家雄

2023年6月25日

华东师范大学终身教授、博士生导师，环太平洋地区幼儿教育学会会董，原中国教育学会学前教育委员会理事长。

序 二

陆月崧园长想让我为她的《心静兰馨——把唯一的童年留给孩子》一书写序，因为我较为了解她，便欣然答应了。

我虽然认识陆月崧园长差不多20年，但为她的书作序还是第一次，想写的内容很多，不过篇幅有限，我也就只写重点了。

书名《心静兰馨——把唯一的童年留给孩子》，犹如一幅描绘陆月崧园长的油画，画中那精致而冷静的幽兰跃然纸上。在我看来，"心静兰馨"四个字的背后是陆园长几十年如一日的坚守与坚持，是不屈不挠的努力和兢兢业业的付出。

顺德人以敢为天下先著称，而陆园长作为一个地地道道的顺德人，是一个充满激情，有着坚定理想信念，坚持原则，敢作敢为而又有大爱的幼教人。令我感动的不仅是她为孩子、家长和教师做了许许多多的事情，也不只是她"把唯一的童年留给每个孩子"的教育理念，还包括她对特殊儿童无条件地接纳和无私地关爱，以及她不忘初心、不计回报、永不放弃的精神！她是我十分尊重和敬佩的一位资深幼教工作者。

众所周知，学前教育是一项光荣而艰巨的事业，做幼儿园园长更

是尝尽酸甜苦辣，而像陆园长这样经验丰富的园长为数不多。20世纪80年代初，陆园长在顺德教育局工作了9年，由于工作需要，组织安排她担任顺德机幼的园长。到了90年代中后期，全国各地很多公办幼儿园纷纷改制，她又成了民办幼儿园的园长。为了坚定大家的信心，她自动放弃享受当时公务员退休的待遇，与大家同坐"一条船"。几十年来，她园内园外，风里雨里，上上下下，多少操心事、烦心事、糟心事、荒唐事都付笑谈中，剩下的都是骨子里的初心和理想，对孩子的爱和对幼教事业的坚守。正如《真心英雄》里唱的："不经历风雨怎么见彩虹，没有人会随随便便成功。"陆园长是改革开放时代的闯将，顺德学前教育的引领者、顺德学前教育的标杆、顺德学前教育的传奇，也是顺德精神的诠释者和践行者。

几十年过去，曾经风风火火、敢想敢为的陆园长如今70高龄了。我十分支持陆园长在退休之际将她的宝贵经验和经历，以及她的感人事迹好好整理成书，启发幼教同行，启迪年轻人，温暖社会。

是为序。

杨宁

2023年8月22日

华南师范大学教授，广东省教育学会学前教育专业委员会名誉理事长。

序 三

无悔过去　不负未来

许多年前，经陆月崧园长引领，我首次迈入顺德机幼大门，大门上的通栏标语"把唯一的童年留给每个孩子"映入眼帘。那时我瞬间感触：这是一所给每个孩子都带来快乐的幼儿园！

岁月静静流淌。在各地交流、讲学时，我时常借用"把唯一的童年留给每个孩子"作为结束语。在我心里，这句话凝练的不仅是陆园长所带领的顺德机幼整个团队的实践感悟和体会，更是学前教育工作者应有的情怀和理念。

许多年后，当我阅读完《心静兰馨——把唯一的童年留给孩子》文稿时，脑海中不禁浮现出这样的画面：一位拥有30多年园长工作经验的前辈，在窗前，在灯下，回首往事，朝花夕拾，将过去岁月里的点点滴滴用心梳理，沉淀为继续引领后来者前行的指针……

"心"是初心，是为了每一个孩子都能拥有一个"快乐而有意义的童年"的使命感。无论是制作可口而营养的美食餐点，还是组织有序又自主的游戏活动，其中的每个细节，看似无意，何尝不是浸润着每一位教师和员工的心血呢？

"静"是心态，是对每一个孩子都能健康、快乐成长的坚定执着。

无论外面的世界如何变幻莫测，无论学前教育如何风起云涌，从园长到总园长，陆月崧园长率领的团队，始终坚守"为了孩子"的理念，"千磨万击还坚劲，任尔东西南北风"。正是这份执着和坚守，在过去数十年里高质量地培养了一代代的孩子，成就了一批批的教师和园长。

"兰"是品位，兰的优雅与恬静，散发在顺德机幼环境的每一个角落里。优雅，不仅来自园林式环境中一草一木的熏陶，更源自每一位教师言谈举止中对幼儿潜移默化的示范和影响；恬静，不只是孩子们游戏活动时闲庭信步般的自信和能力，更是教师们热爱自己工作所溢于言表的投入和安宁。

"馨"是境界，声声入耳，朵朵花香。在顺德机幼教育实践中，令我感动的是，倾听每一位家长的心声，尊重每一个孩子的想法，挖掘每一份社区的资源，关注每一位员工的意见，这已成为一种常态。正如"海纳百川，有容乃大"，这份接近"我将无我"的包容和境界，凝聚了各方的力量，才共同撑起了实现"把唯一的童年留给每个孩子"理念的蔚蓝天空。

心静兰馨，无悔过去，不负未来……

是为序。

郑福明

2023年10月20日

华南师范大学副教授、硕士研究生导师，曾任华南师范大学教育科学学院副院长，广州市家庭教育研究促进会会长。

序 四

让每个孩子的童年过得更快乐

很高兴为陆月崧园长的《心静兰馨——把唯一的童年留给孩子》作序，因为这本书不仅讲述了作为"实干家"的陆月崧园长丰富的幼教实践经历，更总结了她的幼教理念和思想。

陆月崧园长是我最早认识的广东省的幼儿园园长之一。当我到华南师范大学工作时，就听我的导师陈帼眉教授介绍过陆月崧园长和她的顺德机幼。之后，应陆园长的邀请，我参观访问了顺德机幼和刚开办的分园。走进两园，都让我眼前一亮——这不正是我所希望的幼儿园吗？在我的博士后研究项目《"对话"取向的幼儿教育》中，倡导"对话式"幼儿教育。当时的顺德机幼在师幼互动、幼儿同伴互动、幼儿与环境互动、师师互动、家园互动、幼儿园与社区互动等方面，都展现出鲜明"对话"的特征。从那时起，顺德机幼就引起了我的关注，与陆园长的接触也越来越多。她的办园理念、办园思想、办园实践成为我教学中的案例。为了培养学前教育专业人才，我安排了研究生到顺德机幼实习，让他们在实践中学习并接受陆园长的直接指导。

陆园长的幼教理念"把唯一的童年留给每个孩子"，被确立为顺德机幼的办园宗旨，这本身就很有意义。除此之外，我认为还有以下

几个方面值得总结、学习和发展。

第一，注重情感教育。

记得我走近顺德机幼时，正值《幼儿园教育指导纲要（试行）》颁布。与1981年的《幼儿园教育纲要》相比，20年后的《幼儿园教育指导纲要（试行）》是一部"情感教育"纲要——"五大领域"都着重强调情感教育。陆园长在幼儿情感教育方面有独到的见解。她认为，童年时期的重大事件或经历，会对孩子们以后的发展产生深刻而持续的影响。通过开展各种大型活动，如"红旗小军营""顺德美食""跳蚤小市场""民族服装节"等系列活动，给孩子们的童年留下深刻的印迹，让他们的童年经历更有意义，让他们的情感经历转化为对生活的态度，潜移默化地影响孩子们的精神成长。她的成功经验也成为其他幼儿园学习的榜样，情感教育在广东省幼儿园教育实践中被高度关注，其中也有陆园长的一份贡献。

第二，关注园所文化建设。

我们经常说幼儿园要重视创设良好的教育环境，而教育环境不仅是多维度的，也是多元化的。幼儿园的文化建设就是其中的重要一环，而且影响着幼儿园里的每个人。陆园长把幼儿园文化建设作为教育环境创设的核心要素，大到参与社区工作、家长学校活动、出版园报等，小到活动区角建设、幼儿游戏活动材料投放、空间利用等，无不渗透着幼儿园的文化气息。作为幼儿园教育环境的核心，文化建设不仅对幼儿的身心健康发展发挥潜移默化的影响作用，同时也对教师和家长产生影响。我希望在陆园长的影响下，以园所文化建设为核心的教育环境创设，会继续成为幼儿教育共同体的文化创新。

第三，重视家长教育。

陆园长在长期的幼教实践中，非常重视家长资源利用，她始终把家长教育工作摆在前面，以形成强大的教育合力。陆园长非常重视家园共育、家园同步、家园同构的实践。在顺德机幼，除了组织亲子活动、家长开放日和"六访制度"外，家长学校还成了陆园长开展家长教育工作的重要方式。她每年都亲自为家长授课，请假、缺席的家长还要补课。她乐意做家长的知心人，为家长排忧解难。在陆园长看来，家长不仅是得力助手，更是教育资源，善于整合教育资源又是陆园长的一贯作风。

第四，坚持融合教育。

陆园长非常重视融合教育，一坚持就是20余年。她的融合教育实践不但能够提升我们接纳有"特殊需要"幼儿的信心，更启发我们如何开展有效的干预。她坚持普通幼儿园在教育普通孩子的同时，也必须给"特殊需要"幼儿特别的帮助。经过顺德机幼及几所分园的接纳帮助，20多年来，他们共帮助了130多个家庭，其中95%的"特殊需要"幼儿都能顺利进入学校读书，最早的已大学毕业并走上工作岗位。

第五，科学做好幼小衔接。

陆园长在幼教实践中，始终自觉维护和执行国家的有关政策。她早在20世纪90年代初便"去小学化"，科学做好幼小衔接，堪称典

范。我记得在2000年时参加过由陆园长等人发起的"幼小一体化、科学衔接"交流研讨会，该会旨在帮助幼儿园、小学教师和家长三方达成共识，明确各自责任，让家长知道孩子在幼儿园里该做什么、幼儿园和小学应该怎样协同工作……直到现在，她的很多做法都具有前瞻性。

陆月崧园长是一个无畏挑战并积极实践的人。在谈到幼儿园教育改革时，她总是平静地说："无论如何，只要对孩子的发展有好处，哪怕阻力再大，也坚持去做吧！"陆月崧园长不仅善于学习，而且具有坚持、执着和奋斗的精神。

我真心地希望我们的幼儿园有更多像陆月崧这样的园长，带领幼儿园不断走向发展的新高度。

是为序。

张博

2023年9月

学前教育博士、博士后，原华南师范大学教育科学学院学前教育系主任、副教授、硕士生导师，现任广州华商学院教师教育学院副院长。

序 五

为融合教育提供很好的借鉴样本

　　陆月崧园长在顺德乃至广东幼教界都是德高望重、令人敬佩的一个人。回想起来，我和陆园长相识已经快20年了。记得2004年底，我刚到广东外语艺术职业学院学前系任教时，当陆园长得知我是特殊教育专业的博士时，竟然兴奋得跳了起来，说自己幼儿园里就有很多个"特殊需要"幼儿急需专业的帮助。

　　20年前，"特殊需要"幼儿接受教育的权利和需求远不像今天这样能得到法律和法规的保护，得到政府和社会的广泛关注。当时普通幼儿园拒绝招收"特殊需要"幼儿的现象十分普遍，更谈不上去做融合教育。然而，陆园长却毅然顶着普通孩子家长和同事的反对接收这些孩子入园，并反复地做家长和教师们的工作，努力达成共识。孩子入园后，她还联系中山大学附属第三医院，以及大学相关的研究部门，为这些"特殊需要"幼儿做专业的诊断评估和干预辅导，给每个孩子做个别化成长方案。后来我陆续几次访问幼儿园，她向我介绍正在与其他孩子一起游戏的特殊儿童说："你看那个，刚开始别的孩子在做操，他满场乱跑，甚至捣乱，后来慢慢也能模仿做一些动作，现在差不多能参与集体活动了。""你看这个，刚来时满地打滚，生活不能自理，现在也能安静专注地做一点事情了。"顺德机幼的教师们见

证了这些特殊儿童在悉心照料下的成长结果，他们的潜力和点滴进步增强了大家的信心。陆园长每次讲到这些孩子成长的故事和他们的家庭情况，都了如指掌。为了这些孩子，陆园长还坚持对升入小学和中学读书的"特殊需要"幼儿做调查和衔接教育。20多年，接受帮助的"特殊需要"幼儿有130多个，最早的那些孩子也已参加工作。陆园长的远见卓识是非常令人钦佩的，她一生用心做教育事业，是大家心目中的一个大善人。

2013年初，我调入华南师范大学特殊教育学院，专注于特殊教育专业师资的培养和培训工作。每当有合适的专业培训和讲座，陆园长总是亲自带队参加，她还邀请国内和我国台湾、香港、澳门地区的特殊教育专家到她管理的幼儿园为教师、家长进行培训。陆园长告诉我："在特殊教育领域学到的很多东西可以用在普通孩子身上，教育普通孩子的方法策略在'特殊需要'幼儿身上也能奏效。"

现在的顺德机幼、大良万圣怡幼儿园、容桂东逸湾英伦幼儿园的教师们在不断追求更高质量、更专业的特殊教育服务。多年来，他们在融合教育领域做出的成绩和取得的经验，可为幼儿园同仁开展融合教育提供很好的借鉴和榜样。

是为序。

李闻戈

2023年10月15日

特殊教育专业博士，华南师范大学特殊教育学院教授、硕士研究生导师。

目录

第四篇 丰富课程 ● ● ● ●

第五篇　特别的爱 •••••

第六篇 师资建设 •••••

第一篇

出任园长⋯

　　1990年底，我还在顺德县（今广东省佛山市顺德区）教育局工作。即将在顺德机关幼儿园退休的林惠轩园长几次做我工作，希望我接替她的职位，我婉言谢绝，潜心筹划新一年的工作计划，可没想到事情发生了急剧变化，我身不由己，接受了新的任务。

01 "大石压死蟹"

林园长急于退休，于是催促顺德县委组织部尽快物色人选，但一直无人响应，她不得不暂时留任，却因病住院。这时即将进入1991年，骆碧英、黎惠言两位副园长三天两头跑县委组织部，指名要求调我担任园长。

县委组织部干部科冯兆昌科长先后两次做我的思想工作，希望我到顺德机幼任职，我两次谢绝。我反映了实际困难：一是家庭事务多，当时丈夫远在海南工作，我身边带着两个孩子，儿子刚刚12岁，女儿还不满1岁，家里既没保姆照看，也没长辈帮忙，我一个人时间、精力难以应付新的工作；二是顺德机幼现任的两位副园长，一位50岁，另一位53岁，而我已40岁，正、副园长的年龄结构不合理。

当然，我还有自己的小算盘：当时顺德机幼教职工学历层次较低，保育员只有一位初中毕业，大多数教师仅高中毕业后短训过，队伍实在太难管理。

几天后，时任顺德县委常委、组织部部长杨肖英对我说："陆月崧，顺德有句俗话叫'大石压死蟹'（已成定势），你同意要去，不同意也要去。"

我一听忍不住流泪了，当然还是服从了组织的安排。1991年春节前20天，我走马上任顺德机幼的园长。

没想到的是，这个园长一当就是30年。

02 受家风影响

回顾50多年的教育生涯，特别是30多年的园长经历时，我总忘不了从小接受的家庭教育，小时候的成长经历决定了我长大后的为人处世。

1951年，农历五月二十七日，我出生在顺德均安仓门西溪一个普通的农民家庭。我的父母习惯按农历记出生日期，而我的身份证上的出生日期也是农历，故我一直没关心自己出生在公历哪一天。直到有一年，我与几位同事跟随佛山市教育局援疆工作队前往新疆伽师县支教时，发

生了一件令我难忘的事情。7月1日那天晚上，梁平谦和几位同事为我举行了温馨感人的生日会。那般令我感动得流泪的同事，居然早早查到我出生的公历日期，出发前便悄悄为我准备了两份特别的礼物：一本看起来像是珍藏已久的、黄澄澄的笔记本，一份不知从哪里复制过来的1951年7月1日的《人民日报》。那年的7月1日就是农历五月二十七日。此时我才知道，原来我与顺德机幼同年同月同日生。哈！如此的机缘巧合。

刚刚获得解放的顺德农村，尽管生活条件艰苦，我的家庭条件也很差，却从小接受到良好的家庭教育。我的爷爷早逝，留下奶奶独自担起家庭重任。她的人生态度对我日后的成长产生了深远的影响。

奶奶一辈子温良恭俭让。虽没上过学，但为人处世却很有"文化"。她说话出口成章，朗朗上口，诸如"得人恩典千年记，一点胭脂当大红""手贱（多做事不怕吃亏）得人敬，口贱（说得多做得少）得人憎""脸系人家俾的，架是自己丢的（面子是别人给的，行为不当是自己丢脸）""好极女儿远悠悠，丑极媳妇在床头""千金难买回头望，过桥前要跳三跳""勤俭在心，减口待宾（节俭记心中，自己省吃也要招待好客人）"……很多话语她张口即来，让我熟稔于心。

奶奶独自撑家，上奉婆婆，下育幼子，凭借勤劳的双手和智慧的头脑自购房子和置买鱼塘，让原本苦难的家庭燃起了希望。

我太奶奶心疼奶奶，要求搬到大儿子家住，但她是三寸金莲，不小心跌伤，行动不便，奶奶便坚持从伯公家接回太奶奶，无微不至地照顾，侍奉到天年。

奶奶的品质深深影响了我的父亲。每到吃饭时，父亲先拿出一个碟子，把稍微好吃的留给奶奶。我自小跟着奶奶一起睡，有个情景至今也忘不了：父亲工作晚归回家，做的第一件事就是拉开奶奶的蚊帐，看看老人家睡得是否安稳。这些情景，我耳濡目染，铭刻心中，父亲自然成了我的学习榜样。

奶奶对待儿媳就像女儿一样疼爱。在我儿时印象中，常见奶奶为母亲修眉、盘发的亲密场景。每天早上起来，又总见母亲一定会为奶奶倒好漱口水、洗脸水；出远门前，母亲又总会给奶奶奉上一杯开水道别；回到家中，母亲再奉上一杯开水向奶奶请安。

等我长到6岁，父亲拿出珍藏20多年的藤质书包给我上学用。书包是父亲学生时代的奖品，上面写着"品学兼优"的字样，这不难看出，父亲对我的成长充满深深的期待。

每个小小的书包都承载着家长的殷殷寄托

03 当教师校长

1968年，我初中毕业，经尹耀均校长推荐，我在均安镇矶头村当上了小学民办教师。

正值十六七岁，我充满热情和活力。我经常利用晚上空余时间，组织学生和村里的年轻人开展文艺活动，还与知青李志芳老师一起协助村里的民兵队长成立了文艺宣传队。当年，五年级男生李开智饰演《沙家浜》主角郭建光时，表演得非常出色，恰逢广东省粤剧团来均安招生，考官一眼看中李开智，把他招入了广东省粤剧团。均安是"中国曲艺之乡"，这件事发生在20世纪70年代，一时成为均安的美谈。

1974年，我被均安镇教育办推荐到佛山地区师范学校学习。1976年毕业后，我再次回到家乡均安，担任一所小学校长，那年，我27岁。

在20世纪70年代，小学附设初中，实行7年一贯制教育。当上校长后，我特别重视学生的各种实践体验。我曾带初二学生去顺德糖厂学工，课余时间又让他们上山种木薯。多年以后，这批成长起来的学生都非常有出息。

均安水乡，河网密布。利用这天然条件，学校教导主任冯仲雄组织游泳队开展训练。每当学校组织学生参加全镇游泳比赛时，村支部副书记礼恒叔便会安排人刮鱼（在鱼塘网鱼），开大灶慰劳师生，我对村领导的关心至今难以忘怀。冯仲雄主任游泳技术扎实，他训练初一男生冯振强的自由泳和蝶泳，在均安中小学游泳比赛中，分别获得两项第一名，成绩优异。后又代表均安参加顺德县中小学生游泳比赛，再次获得蝶泳第一名。冯振强长大后光荣入伍，转业后返回顺德，还当上了顺德公安局纪委书记。我一直认为，学生具备强健的身体素质，是他们成长成才的坚实基础。

改革开放前夕，顺德乡村还不富裕，小学民办教师月薪只有24元，公办教师连续10年月薪维持在38元。为了提高教师的待遇，我通过朋友关系，在当时的容奇镇找到一间小五金厂负责人。我坐船去谈"生意"，请求对方给我派些外工。小五金厂车间主任有怜悯之心，他按我的想法每月赊给我几捆铜线，允许我交货时再结账还款。他还教我在桌子边上安装一个小工具，这样可以两秒钟做出一个电笔小弹簧，每个小弹簧的报酬是半分钱。

接到这个外工让我非常兴奋。我背着几公斤铜线，走到容奇码头坐"协群渡"（渡轮名）返均安码头，再步行回学校，然后把铜线分配给全校教师带回家，好让他们家人赚外快。仅此一项，每位教师每月可增加40多元收入，这甚至比他们一个月的工资还要多。

可有一天晚上，村里的冯书记把我叫到他家里，连声责备："你有没有搞错？做校长的带着教师搞副业？"我向他解释："第一，不是教师本人做，而是家属做，不影响教学；第二，作为校长，我自己没有做，也没有让家属做；第三，教师在不影响教学的前提下勤工俭学，不但能给村里分忧，还为学校解愁。"冯书记听了再没吱声。

1981年暑假，均安镇教育办组织全镇小学校长去桂林旅游，条件有限，只能单飞，去时坐飞机，机票39元，回程坐汽车。这时我想，我8月便调到顺德县城大良工作，何不利用此次假期，用学校勤工俭学积累的资金组织全校教师也同飞桂林，岂不更妙？教师们听到这个决定，别提有多兴奋，这可是均安镇第一所教师坐飞机外出旅游的学校啊！

久旱逢甘露。同年，政府发文，给10年未加薪的公办教师调资，涨幅是5%，但名额有限。我想，学校个别老教师工作数十年，他们理应优先享受调薪。于是，我主动放弃了这次调薪机会。当然，到最后，均安镇教育办还是考虑了我。对此，我深怀感激。

1981年8月，为解决我们夫妻两地分居的问题，组织上调我到顺德大良锦岩中学任教。我喜欢当教师，胜过当校长，因为当教师，可以直接面对学生，能实实在在为每个学生服务，与孩子们打成一片，和家长交上朋友。所以，我满心期待和欢喜，当上了初一（4）班的班主任，负责教授两个班的语文课。

这个班上有4个特别难教的男孩子，他们学习成绩不好，我行我素，大家称他们为"四大天王"。我常常利用中午时间，踩着单车对他们逐一家访。在那个年代，家访是一件相当麻烦的事情，没有电话可以提前与家长沟通和预约，往往是好不容易赶到学生家门口，却吃了闭门羹。

当教师就一定要家访，这样可以了解学生一些鲜为人知的事情，也就可以从中找到很多解决问题的办法，这是我从事中小学教育12年的切身体会。我当园长后，自然而然便要求全体教师到每个新生家里访问。20世纪90年代，中小学已不再强求教师必须家访，但我到了顺德机幼后，一直坚持"六访"（后文详述），并使家访成为一种制度。

04 管幼教9年

1982年8月，我从锦岩中学调到顺德县教育局工作，负责全县的幼儿园管理。我考虑到自己从未接触过幼儿教育，自然不愿意，领导便找我谈话，何锐雄股长劝我："相信你可以，慢慢学吧。"于是，我只能再次服从组织安排。我计划用两年时间，扎扎实实到幼教一线学习。如

此，顺德机幼、大良凤城幼儿园便成了我的学习基地。

入职县教育局后，我向局领导建议，向大良镇学习，各镇教育办安排一位同志专职或兼职分管幼教。领导采纳建议，全县幼教管理队伍顺利组成。半年后，我打报告申请1000元，组织全县11个镇的学前教育专职、兼职干部，前往江门第一幼儿园参观学习。活动结束，还剩下几十元，我当时很无知，以为只要不超支就行，于是组织大家看了一场话剧。回顺德上班后，我还蛮得意地向领导汇报工作，谁知把何锐雄股长弄得啼笑皆非，他取笑我说："你真的是'陆科长'！"这里有个小插曲：有一天，何股长带着科室同事到桂洲马岗学校调研，因为我与该校的冯亮辉校长从未谋面，何股长便对冯校长开玩笑："这是广州来的'陆科长'。"引得大家都笑了。初入行政机关，便给领导添了麻烦，当时的我感到非常内疚，而此事却让我懂得要遵守机关的工作规范。

第二年，为推动顺德幼儿教育发展，顺德机幼、大良凤城幼儿园以点带面，顺德11个镇均建立了中心幼儿园。

每到寒暑假，我就策划、组织幼儿园教师集训。我们先后邀请广州幼儿师范学校周炬原、马冰、叶碧青等名师到顺德传经送宝；邀请顺德书画、音乐、舞蹈等艺术界名家，如张介、陈可添、伍海成、李良晖、张建国、冯伟雄等，为幼儿园教师开展专项培训。除了教师集训，我还向教育局报告规划开办园长培训班。后来，参加培训的教师都在各自幼儿园发挥了重要的作用，其中多位教师还被提拔为园长。

在顺德县教育局工作9年，有8年的寒暑假我利用顺德机幼作为培训基地，组织全县各镇幼教骨干集中学习培训，帮助全县幼儿园一点点提升办园水平。

1989年，我主笔总结顺德县幼儿教育工作成果，题为《动员社会各方面力量，多渠道发展幼教事业》，材料报送到广东省教育厅，省教育厅非常重视，立即组织实地考察，最后推荐顺德县参加全国学前教育先进县（市）评选。当年，顺德县荣获"全国幼儿教育先进县"称号。

写到这里，又有一段小插曲。当年我39岁，幸福怀上二胎，高龄产妇又遇上前置胎盘，医生反复向我强调不能坐车，不能负重，不能……可当8000多字的总结材料送达广东省教育厅后，却被告知要精简到4000字左右，而且时间只有10天。顺德县教育局局长陈达权担心我的身体状况，决定安排其他人到广东省教育厅听取修改意见。我知道后坚持前往，陈局长不同意，我感动地说："多谢陈局关心，除非谁听意见谁负责修改，否则我靠传达很难把握尺度。"陈局长无奈，只好同意我的请求，再三嘱咐我上下车要小心。那时候，机关条件有限，局里没有小车，我只能坐班车去广州。广东省教育厅陈岫兰科长一见我，便生气地责备："陆月崧你真不要命，路上出意外怎么办？"我说："没办法，只能这样了。"可谓天道酬勤，总结材料顺利完成，我身体也安然无恙，女儿顺利降生。

两年后，我调入顺德机幼，任职顺德机幼园长30年，前10年为公办，经历两次大搬家，后20年改制，从一园扩展到五园，其间遭遇数

不清的困难、挫折，但我始终充满激情，迎接困难，解决问题。20多年前，大良云路小学校长陈志斌说我是"50岁的年龄、40岁的思维、30岁的精力"。后来，我又认识了知名书画家、楹联家和作曲家徐文实，他用几年时间观察顺德机幼及分园的教育教学，欣然提笔为我留下墨宝——心静兰馨。2020年9月，顺德机幼回归公办，我卸任园长一职，但仍负责管理原来由顺德机幼管理的大良万圣怡幼儿园和容桂东逸湾英伦幼儿园。

"心静兰馨"，我喜欢这4个字，这是我的心境写照。回顾往事，有焦虑但不浮躁，有追求也有成果。

2013年著名书画家徐文实题写

初进顺德机幼，很多现状让我难以适应。

早上上班碰面时竟然很少听到问候声，彼此形同陌路；有时还有三五位教师迟到；全园808个孩子，开设21个班，只有88位教职工，幼师专业毕业的教师寥寥无几；春节临近时，又有两位教职工重病住院。当时，顺德机幼还有个"一刀切"的规矩，即放寒、暑假时，不管行政、教师还是后勤，大家的假期都一样。这种看似公平的做法，实则极不合理，无法把幼儿园各项工作衔接好。在教学内容上，顺德机幼也存在比较多的问题：教学拼音、抄写汉字；偌大的幼儿园，门口只有一块宣传板，园所文化氛围很淡薄。

于是，我相继采取了一系列改革措施。

第二篇
改变氛围·

05 有效的改变

上任伊始，正值春节前，何姨重病住院，"五保户"芬伯病危。我跑医院，联系院长和主治医生，协助家属与医生商量治疗方案，处理芬伯后事。几件大事堆在一起，我忙得不可开交。直到大年三十晚上，我才匆匆吃过晚饭，背着女儿走下楼梯，准备骑自行车去买年货。我丈夫在海南工作，春节无休假，家中无长辈照顾，也没保姆。记得那天正下着毛毛细雨，我一边下楼，一边流泪，心里充满了苦涩和无助。

春节后开学上班，我一大早煮好早餐，让儿子吃完独自走路上学。我又匆匆背着女儿，骑着自行车把她送到顺德一中教职工宿舍三楼陈姨家中托管，然后准点7时30分赶到顺德机幼上班。

我集中精力调查研究，抓出勤、立园规，一口气解决了若干问题。好几个晚上，我把两个孩子放在家里，由12岁的哥哥看护1岁的妹妹，登门家访一位又一位同事，了解她们迟到的原因。我发现他们普遍都要煮早餐照顾家人，因此就有了后来由幼儿园提供早餐的做法。

　　我走进教室、厨房、消毒间，了解各种情况，听取不同意见。当时全园师生近900人，制作午餐是一项烦琐而重要的工作。后勤部门同事反映，消毒环节影响了整个流程。于是，我又重点观察消毒间的工作，与消毒间的同事一起洗碗，与她们分享如何洗碗更快捷、更干净。三位消毒员站着洗碗时间长、身体累，而且待遇较低。为此，我在园务会议上提出，适当增加她们的岗位补贴。后来，顺德机幼易地重建，我便在消毒间安装热水器，大大减少洗洁精的使用量，使餐具清洗更加卫生安全，同事们也更加省心省力。

　　当时，我从个别同事口里听到："都已是90年代了，还讲什么奉献，岂不是笑话？"种种情况真让我忧虑，我脑子里天天想的是两个字：改变！

　　改变一，让大家学会问候。每天早上回园，我每见一人，便"早晨、早晨（早上好）"地打招呼。于是，大家渐渐知道了该如何做了。后来我曾听到一些同事笑谈："陆园长来了，我们才学会叫'早晨'。"

　　改变二，增加宣传板报。我与团支书霍洁涛、宣传委员张蔚梅聊天，希望她俩带动青年团员教师一起办好宣传板报。顺德机幼的园文化建设就是从这简单的做法开始的，后来，县政府办公室主任招汝基告诉我，顺德政府计划开办机关托儿所，顺德机幼停办小小班。招主任让我推荐所长人选，我毫不犹豫推荐了团支书霍洁涛。后来，霍洁涛当上了托儿所所长，张蔚梅则成长为首届南粤优秀幼儿教师。

改变三，为全园教职工提供早餐。由于早上时间仓促，一些同事要自己准备早餐，难免会上班迟到。所以我与园长们商量，决定在幼儿园为教职工提供早餐，让大家都能准点上班。

改变四，增加班主任补贴。我到顺德机幼任职前，幼儿园从未设立班主任补贴。我们确定班主任岗位补贴为每月10元，钱虽不多，但班主任岗位职责一旦明确，效果就完全不一样。

改变五，为教职工家属申请政府统筹医疗。为了解除教职工的后顾之忧，我向上级有关部门和政府办公室领导反映情况，申请办理家属统筹医疗，统筹对象包括父母和子女。该项待遇直到顺德机幼改制后才被取消。

改变六，重新建立寒、暑假休假制度。我们合理调整教职工放寒、暑假的时间，其中假期最长的是带班保教人员，其次是园长和行政人员，最短的是后勤人员。这项改革触及部分同事的切身利益，可想而知，当时他们的反应很大，阻力不小，但我摆事实、讲道理，最后，新的寒、暑假休假制度得到落实执行。

改变七，组织教师外出学习取经。我们安排教师分批到广州、江门、佛山等地学习，甚至有时还会征得县政府办公室同意和支持，星期五停课，连接星期六，集体外出学习两天。

改变八，丰富教职工文体生活。为营造向心力和凝聚力，我想尽办法，联动各知名企业，利用周末组织联谊活动，让大家的身心得到滋润。

如此这般，"八板斧"齐用上，全体同事焕发出青春活力，精神面貌大为改变。

06 发开工利是

1995年放寒假前，我效仿企业做法，在园务会议上提出，来年春节上班第一天，给准时到岗的教职工每人派发开工利是200元。那时候，200元还是蛮吸引人的，但我们没有预告，以此考察大家的纪律意识。

当时，一位副园长提出，发开工利是要分等级，即按岗位设定，而且迟到者一分钱也不发。对此，我投了反对票，理由很简单，我说这是开工利是，有别于发奖金，大家都同样开工，应享有平等待遇。但迟到不能全部扣除，应该发10元，以此尊重传统习俗，图个吉利。大家觉得有道理，事情就这样定下来，并形成决议：一是新学期第一天，早上8时整在三楼多媒体室准时集中，做开课动员；二是当天不设早餐；三是迟到即登记；四是由后勤副园长把利是派到各人手中。可以想象，当天上班宣布发开工利是时，因为在意料之外，场面该有多热闹。

　　谁知当天仍有两位同事迟到，一位是护士杨姨，另一位是吴老师。骆园长、黎园长和总务才叔一看迟到名字就紧张了，他们一起来找我，说杨姨只迟到一分钟，吴老师迟到两分钟，并且说杨姨平日工作认真，表现积极，为人低调温和，希望能特殊对待。

　　我听后对他们说，派发开工利是是园务会议决定的，这是原则，应该人人平等。而杨姨平常工作积极，可以在学期末考核认定级别，给予奖励，却不能因此破例而特殊处理。最后我说，你们放心，我来处理此事。说完我便下楼走进医务室，问杨姨："您今天为何迟到？""因为今天不设早餐，所以在家里多吃了一碗生菜鱼饼粥，结果就迟到了。"我对杨姨说："您这碗生菜鱼饼粥太贵了！""为什么？""今天派发的开工利是是200元，因为您迟到一分钟，扣除了190元，只能发10元利是了。"杨姨听后说："哎呀，太心痛了。"

　　我对杨姨说："不要说您很心痛，如果是我也一样心痛。正因为这样，骆园长、黎园长和才叔一起来找我为您说情，都说您平日工作积极用心、为人低调，建议不要扣，但我坚持要扣。因为既然定好了的事就要执行。在这个问题上，我不想为您搞特殊。杨姨，请您理解。"

　　杨姨说："陆园长，您放心，我理解，就按幼儿园的决定来办吧。"

　　当天晚上9时左右，吴老师的丈夫阿乐也给我打来电话："陆园长，今天老婆告诉我，她迟到两分钟，幼儿园扣除利是190元，这样做不太合理吧，应该迟到多少分钟，就按比例来扣除才是。"

我对阿乐说:"今天派发开工利是,不是考勤奖励。如果是考勤,那是另一回事。开工利是是园务会议研究决定的,还有一位同事仅迟到一分钟,按理来说,她不是比您老婆更吃亏吗?所以还是请您理解吧。"

杨姨是县政府办公室某副主任的妻子,她朴实善良,埋头苦干,从不张扬,也不参加机关组织的家属活动,为此我多次劝说并批评她均无效。这次派发开工利是再次向全体同事传递一个简单的道理:公平是有原则的。

07 营造园文化

1991年6月1日,是我到顺德机幼任职后过的第一个"六一"儿童节。我想让全园800多个孩子过上一个特别的节日,于是租了若干辆大巴,全园同事出动当服务员,浩浩荡荡开进离园6公里外的顺德第一个五星级酒店仙泉酒店饮早茶。

顺德有着浓厚的茶文化,师生围坐在舒适怡人的龙凤大厅畅谈,

好不开心！孩子们来到这个美丽的生态大酒店，个个欢呼雀跃，叽叽喳喳说个不停，大家都觉得这个庆祝活动很新鲜。后来我父亲知道这件事，严厉地批评我："你真大胆，带着那么多孩子跑到那么远的地方，出了安全问题怎么办？"我听后，心里并不服气，因为活动方案非常缜密，但嘴上仍表态："知道的。"

那年"六一"儿童节，我还利用自己在顺德县教育局分管中小学、幼儿园文艺汇演的经验，举办了顺德机幼开园以来的第一个文艺晚会。每班表演一个节目，第一次走上舞台的孩子们自信大方，赢得了现场观众阵阵掌声。这场晚会，由家委叶海英记者和一个小女孩搭档担任主持人，全体家委会成员齐唱《明天会更好》，这在当时是相当有创意的。

此后每年"六一"儿童节，我们一直坚持举办晚会。开始是挑选部分孩子上舞台，后来在副园长王燕儿的建议和组织下，全园所有孩子全部上舞台，教师、家长也一齐参与。

08 放手家委会

"只有教好家长,才能教好孩子",这是我一贯的观点。家庭与幼儿园,犹如左手和右手,缺一不可。

接下来,我们还想方设法改变家长的育儿观念,如举办家长开放日、创办园报、成立家长委员会和家长学校等,旨在让家长明白,幼儿园应当做哪些事情,不适宜做哪些事情,怎样做才是正确的。我们还邀请小学校长、一年级级长、班主任和其他教师一起来幼儿园观摩和听我的分享,通过广泛的交流,让家长、学校都能科学地做好幼小衔接。

1994年4月,顺德机幼成立家长委员会,由园长、各部门主要负责人、各班家长代表组成,这应该是顺德幼教行业最先成立的家长委员会。当时顺德县教育局副局长周文担任首届家委会主任,其女儿毕业后,为培养家委会接班人,他又连任了第二届家委会主任。

从第三届家委会主任马曼宁开始,家委会每年换届,就这样一直薪火相传,至今已经有30届。与顺德机幼相似,其他几个分园也成立

了家委会，每届家委会都为幼儿园做很多实事，有的家委甚至将我们的做法带到孩子的小学甚至中学，发挥了很好的辐射作用。

顺德机幼充分相信家委会，放手让家委会成员监管幼儿园工作。家委会成员分工明确，他们凭着监察证，不用知会园长，随时可以进园监督检查，并及时向幼儿园反馈存在的问题。

2013年3月，容桂东逸湾英伦幼儿园开办，第一届家委会主任陈祖东非常认真地投入工作。他带上家委会另外两位成员深入园内监察，为刚开办的幼儿园找出近100个问题，然后整理提交给园长，一起研究解决办法。在年度总结会上，陈祖东主任说，英伦幼儿园园长的执行力度不亚于企业老总，居然一年时间解决了近70%的问题，这让他和家委会成员都非常感动。

也就在那一年，我们组织顺德机幼等三家幼儿园家委会成员到珠海启雅幼儿园、香港德贞幼儿园参观学习，还与他们的家委会和家长教师会联谊。陈祖东主任代表我们这几所幼儿园作经验分享，得到了同行和家长们的高度赞赏。

09 办家长学校

1995年，顺德机幼成立家长学校，这应该也是顺德第一个幼儿园家长学校。

认认真真推动家长委员会工作，扎扎实实办好家长学校，是幼儿园不可忽视的重要事务。在这些方面，顺德机幼取得了很好的效果。

我们定期邀请家长到幼儿园观摩各种活动。这种做法如今已非常普遍，但当年却是少见的。顺德机幼开展观摩活动，有明显的针对性，如安排小班新生家长观摩半天，让他们初步了解幼儿园的运作和保育任务、内容。孩子读上中班、大班以后，我们又定期举办主题教育活动开放日，让家长进一步了解孩子的能力发展，了解幼儿园的整体管理，了解教师们如何工作。家长们积极参与开放日活动，有的家长说："顺德机幼管理科学有序，活动有趣，营养搭配合理，怪不得我家孩子星期六都吵着要回园。"还有的家长说："我家孩子明显长高、长胖了。"一些家长原来不理解顺德机幼为何总不留作业、不学

多少知识，通过观摩后他们才明白其中的缘由。

1995年，顺德机幼被确定为顺德师范实践基地。1998年4月10日，顺德机幼举行"幼儿半天生活"开放日活动，除邀请本园家长参加外，还有其他幼儿园同行、师范学校师生近300人应邀入园，这是历年来开放日参与人数最多的一次。家长和师范学校师生细心观看游戏中孩子们怎样学习、怎样活动、怎样扮演角色。一些家长连孩子们的洗手间都细心察看，当发现每个班均有幼儿洗手间和成人洗手间时，他们特别惊讶，为孩子拥有这么好的学习、生活环境感到舒心踏实。

2001年，顺德机幼推出"对家长广播"节目，每周四下午放学时首播，下周二重播，内容包括热点话题、家园见闻、快乐之家、育儿心得等，这成为幼儿园家长学校又一重要的家园交流通道。

家长学校致力于向广大家长普及科学育儿知识，促进幼儿教育社会化。园长担任校长，下设有家校主任，她们与经验丰富的教师一起授课。在上课前，先由家长学校主任拟好讲课提纲，然后发到备课小组，每位成员先预习，再组织集体备课，最后定出主讲人，这样的授课有质量保证，可听性强。没空出席的家长可以请假，后续安排补课，所以家长参与度很高。

根据需要，家长学校还安排有教子心得的家长作经验分享。在"如何当好祖辈家长"主题分享会上，均安新连中学陈剑峰校长分享"从爸爸到爷爷"的感受，其文稿刊登在园报《家园通讯》上，还成为家长学校的学习内容。

家长学校多次举办"孩子和我"家长书法美术摄影有奖比赛、花灯制作比赛、"读书心得"征文比赛，以及"我和孩子的故事"和"我的孩子在机幼"等有奖征文比赛，获奖名单和作品均刊发在园报《家园通讯》上，对家园共育发挥着积极作用。

2001年，顺德机幼家长学校被评为广东省和全国优秀（示范）家长学校。

先教家长再教孩子很有道理

我从事幼教工作37年，其中28年跟随陆园长，从班主任做起，至今在大良万圣怡幼儿园当了16年园长。陆园长与我，是一种亦师亦友亦亲人的关系。

我非常认同陆园长的一个教育理念，那就是先教家长，再教孩子。每年新生入学前的7月，陆园长总是亲自给新生家长讲课，有的家庭三个孩子都读万圣怡幼儿园，但家长依然不会缺席，说每次听课都有不同的收获和启发。大班孩子毕业前一个学期，陆园长仍亲自为毕业班家长讲课，以解除家长的顾虑和疑问，共同为孩子做好入学前的身心全面准备。

梁平谦

大良万圣怡幼儿园园长

10 办报三十载

在20世纪90年代初，一所学校或幼儿园能够创办校报、园报，应该是凤毛麟角的，顺德机幼却在那时开了先例。

我到顺德机幼任职后，发现大班孩子不但学写字，还学拼音，我觉得很不妥，于是召开园务会议，决定取消这些做法。对此，很多家长有意见，个别教师告诉我："听家长反映，如果取消这些学习内容，他们的孩子就转园。"由此可见，改变家长育儿观念迫在眉睫。因此，我想创办一份园报，既密切家园联系，又能及时宣传科学育儿知识。我就此与副园长王燕儿沟通，两人一拍即合，拟定园报名为《家园通讯》，并立即行动，每学期出版两期。

1994年6月1日，即"六一"儿童节这天，4版A4规格的《家园通讯》首发，黑白印刷。当天，顺德市四套班子领导带领各部门负责人慰问顺德机幼师生，对这份新鲜出炉的小报啧啧称赞。

1997年7月1日，《家园通讯》制作到第6期，改为A3规格，套红印刷。

2002年6月26日，《家园通讯》制作到第24期，采用铜版纸、黑字套红方式印刷，版面更加清晰好看。

2005年1月25日，《家园通讯》扩版全面升级，彩色印刷。

2022年5月17日，《家园通讯》《家园结》传承28年，编印到第100期。老领导招汝基再次题词："架起家园连心桥，谱写幼教新篇章。"时任顺德区政协主席周文也题词："守正创新，搭起一座沟通和联系家园的桥梁。"

各园历届家委会成员积极撰稿，连续在园报《家园通讯》《家园结》上发表文章，他们的育儿心得和观念很有见地，一直引领教师、家长和孩子们共同成长。

《家园结》100期之后，顺德机幼改为制作电子版，大良万圣怡幼儿园、容桂东逸湾英伦幼儿园、英伦早育中心仍携手创办纸质版新园报。我们敬爱的老领导招汝基又专门为新园报拟名——《家园之声》，并予以题字。

一份看似简单的园报，编写过程却很艰辛。最初园报没有专职人员负责，由我、王燕儿、杜瀚然、赵然和谢远兰等人兼职编辑，现在由欧阳佩君等同事精心经营。由于没有专业编辑，我30年来坚持修改每一期每一篇文章。每期园报付印前，终审时间特别紧张，我只能安排在周末夜以继日地改稿，样报文字小，改到两眼昏花，但我仍丝毫不敢马虎。很多同事说，经我修改过的文章，要么"红运当头"，要么"江山一片红"。

我不仅修改文章，还几乎每期都写文章。从1999年开始，每年必写《新年寄语》，连续写了16年，从未间断过。

顺德机幼园报从一园独办到与分园联办，越办越有内涵，它浸润着办报人的心血。

我与园报一直同行，作为创刊人之一，兼编辑、作者，一路走来，往事历历在目。孩子和幼儿园的故事，流传在孩子、教师和家长们的口耳之间，也不断写进《家园结》和《家园之声》。翻阅着多年前的园报，看到孩子的模样，想起家长的名字，更难忘教师们的分享。这是一份珍贵的档案，字里行间、图片场景，为孩子们留下了生命启航的自信和淡定。这份园报承载了众多家长和同事的辛勤汗水，也承载着每个在读孩子和每位毕业校友的喜悦与风采，更承载着我在顺德机幼及分园当园长、总园长30多年的欣慰和情结。

顺德机幼园报《家园通讯》创刊号、《家园结》第100期，大良万圣怡幼儿园和容桂东逸湾英伦幼儿园合办的《家园之声》

11 园门口办公

早上7时30分，我们会准时开早会。7时40分，我和园长们便站在园门口迎接孩子、同事们回园，这已成为我们各园的早接制度，并坚持了20多年。

遇到下雨天，家长的车刚在园门口停下，甚至不用下车，我和同事们已撑着雨伞走到停车处把孩子接回园内。这样做既能减少交通堵塞，又能营造和谐文明的师生、家园关系。当孩子们听到一声声"早上好"时，他们也会立即回应"早上好"；站在园门口，我们还可以观察孩子和家长的表现，能及时交流育儿方法，而最重要的是方便家长随时"投诉"，有事不用去办公室找园长。

每天如此"办公"，我们一站就是一个多小时，直到全园孩子差不多都回来才撤场。在此制度的形成过程中，我们不断丰富形式和内容，比如安排各班孩子，包括小班孩子轮流在门口担任礼仪小天使，每天五六个孩子排成一排，披着绶带，站在园门口迎接老师和小伙

每天，"礼仪小天使"迎接小伙伴入园

伴，他们感觉既开心又自豪。

有很多特别情况，就是我站在园门口与家长聊天时收集到的。在这里，我了解了家长，记住了孩子，又能及时处理解决问题，因此，留下很多难忘的故事。

有一天，我站在顺德机幼门口，看到家长凤仪带着孩子找班主任请假。我立即上前询问，凤仪说要带孩子去医院配近视眼镜。我问："孩子配近视眼镜，有没有先扩瞳验光？"家长说没有，但已检测过视力。我说这样不科学，配镜前一定要详细检查，才能配镜，家长一听犹豫起来，问我怎么办。我说不要着急，我马上联系广州资深的儿童眼科教授刘东光，为孩子预约一个检查时间。后来凤仪按照约定，带孩子去找刘教授检查，结果发现孩子睫毛倒长，竟把眼角膜扫花了一点，多危险啊！凤仪在电话里千恩万谢，说幸好见到我又幸运找到刘教授。

我站在园门口，经常看到家长替孩子背书包。有一次，我对一位家长开玩笑说："这个书包好像不是你的吧！"家长笑着回应："书包很重啊！"我说如果真的很重，你可以把书包里的东西拿出来，用手拿着，让孩子背着空书包也好。家长当然明白我的意思，便笑着把书包给孩子背上。

有一天，我见到一个哭着回园的孩子，便问家长是什么原因，家长说孩子每天上学时的情绪都不好，我说好像平时没见到这个情况。家长说，孩子晚上11时才睡觉，早上不愿意起床，更不愿意回幼儿园，因此经常迟到，园长不一定会看到。我让家长先送孩子回班上，出来时我们再交流。针对孩子晚睡，我向家长建议，每天吃完晚饭休息半小时，然后带孩子去散步，通过运动出汗，消耗一些体力，最后回家洗澡、听故事，晚上9时最适宜上床睡觉，因为10时入睡后，生长激素才能分泌。后来我继续跟进这个孩子的情况，家长按照我的建议去做，孩子的精神、情绪都好了很多。

在园门口"办公"的好处很多。每当发现孩子出现问题，我会立即联系家长，及时处理。又有一次，一个孩子伸出舌头接受晨检，我在旁边一看，便知道孩子有湿热，消化不良。我马上告诉家长，可以煲"淡豆豉"茶或祛湿粥，尽快帮孩子祛除湿热。我的手机里收藏有常见的治疗小病的民间良方，如感冒、消化不良等，以便随时提供给家长参考。有些家长对我说，这些古方果然有效，于是他们又把其发

到了自己的朋友圈，让更多人受益。

　　还有一次，我站在容桂东逸湾英伦幼儿园门口早接，一位家长对我说："女儿雯雯被小伙伴无意间弄了一下眼睛，为慎重起见，便带女儿去医院检查。结果发现，眼睛倒没受什么伤，却查出患有白内障，医生责备我们太大意。"我听后非常诧异，白内障不是成年人或老年人才患的吗？小孩真有可能患白内障吗？我马上联系香港的亲戚范医生，他是一位有名的眼科专家。同他约好时间后，我便带该家长夫妇和孩子到香港进行检查，果然确诊为白内障，且眼压相当高。范医生建议，先给孩子服药，降低眼压，后期再看情况决定是否需要手术。如果需要手术，最好选在8岁以前进行。最后，家长选择了手术治疗，手术非常成功，大家都为之庆幸。

在园门口与家长马博士交流其儿子的变化

12 特别 "光荣榜"

有较长一段时间，我同时管理四五所幼儿园，却从不迟到、不早退，一定准时在7时30分前到岗，遇事则提前知会办公室。可有意思的是，总有那么两三位同事时不时就会迟到。我曾在中小学工作过12年，对此我难以接受，又很费解：当教师怎么能迟到？

与她们谈心没有效果，扣罚奖金也没有作用，为改变她们磨磨唧唧的坏习惯，我冥思苦想。2006年，我借鉴酒店、医院、保安等行业开早会的做法，决定每天早餐后7时30分，集中早班教师在园内开早会。过去上班，教师们在办公室签到，一般只有值班行政人员看到，迟到了也无所谓。现在改开早会，众目睽睽之下迟到，大概会不好意思了吧！

我提出开早会，几乎全部人反对，他们认为如此效仿，岂不把大家都当成了服务员？甚至有同事告到教育局，说我不信任教师。

我明确地说："教育也是服务，教师也是服务员。从今天开始，不再议论，先执行，有错由本人负责。"形式不重要，关键看效果。

开始时，园长轮流主持早会，后来每位教师轮流分享，他们从照着稿念到脱稿讲，从只有中方教师参加到后来外籍教师也加入，早会内容也不断充实，或报告当天大事，或提出注意问题，或分享教育心得，有时还会根据需要预定主题，各抒己见，畅所欲言，内容涉及之广，表达形式之多，让大家一上班就身心愉悦，大受启发。尤为惊喜的是，外籍教师分享他们独特的教育方法和策略，他们对于孩子的尊重超出了我们的想象。

为了进一步警醒早会迟到的同事，我又提出一个新做法，建议在大家每天出入的餐厅门口制作一个出勤"光荣榜"。当然，这个"光荣榜"是加上引号的，凡迟到者上榜，内部同事清楚怎么回事，但外人不知晓。这样，迟到者可以接受大家监督，又在外人面前留住了面子。

办公室主任马捷问我："'光荣榜'上的名字挂多久？""如果有第二个人迟到，就把前一个人的名字撤下来。"过了一段时间，马捷又来告诉我："已很久没有人迟到了，'光荣榜'上的名字怎么办？"我说："那就限期一周吧！"

如此操作，迟到现象基本消除。于是，我又改罚为奖，每月全勤奖照发，大家心情愉悦，纪律意识也增强了。

早会让教师们提高了表达能力、写作兴趣，使同事之间增进了交流和友情，又收获了更多行之有效的经验。于是，我又让马捷组织人力收集整理早会素材。

2012年11月，园长们和办公室主任、保教室主任一起努力，将5年所有早会材料集辑编印，我把书名定为《心灵早餐1》。四年后，我们又汇编出《心灵早餐2》。顺德机幼作为广东省园长培训实践基地，吸引了很多园长前来跟岗学习，他们对我说："陆园长，您的经验和想法很难复制，但开早会的方法我们学到了，回去马上就能用。"

13 天天唱三歌

歌声，能让一个幼儿园充满活力、朝气。

1999年，我与顺德机幼才子杜瀚然老师商量："我想请您创作一首园歌。"他欣然接受，很快写出歌词，起名《我爱机幼这个家》，大家看了都一致赞成。我联系北京蓝天少儿艺术团的胡壁精老师，请求他为园歌谱曲。接下来，杜瀚然继续创作了《顺德，我们可爱的家乡》《幼儿教师之歌》等歌曲，《幼儿教师之歌》后来还入选全国100首校园歌曲。再后来，我们又请家长为古诗《悯农》谱曲，让孩子们在午饭前吟唱。

每天早上、中午和放学前，幼儿园里歌声嘹亮，生气勃勃。各园

早上均要唱园歌。顺德机幼的园歌《我爱机幼这个家》连家长都爱哼唱："白兰香，鸟儿唱，阳光洒满我们的家。做游戏，练本领，老师爱我像妈妈。嗨嗨嗨多么好，顺德机关幼儿园，嗨嗨嗨多么美，顺德机关幼儿园，我们都爱这个家，我们都爱这个家。"很普通的歌词，却深受孩子、教师和家长的喜爱。其他几所分园也有自己的园歌，每天用童声歌唱自己的童年时光。午餐前，孩子们唱《悯农》；下午放学前，则唱英文歌曲《再见》。

童年如歌。我们几所幼儿园的园歌都被一代代孩子幸福地传唱下去，成为他们美好回忆的一部分。

14 每天好心情

教育，要培养有责任、敢担当和会感恩的人。

我们身边总有一些同事喜欢抱怨，他们只从个人角度看问题，似乎人人都欠他们的。2004年，我提出了一句口号："感谢你，每天给我好心情。"我认为这句话具有心理美容效果，于是把这句口号写在每所幼儿园最显眼的地方，希望全体同事每天看到这句话时，懂得感恩同事，感恩家长和孩子，感恩身边的每一个人，每天给自己一个阳光般灿烂的好心情。

每天清晨回到幼儿园，当听到孩子们高高兴兴道一声"陆园长，早上好"时，我感谢孩子们送给我的如花笑靥；7时40分，当看到家住陈村的温医生把两岁多的键键送到顺德机幼，晚上又接回陈村时，我由衷感谢家长的信任，从而深知身上肩负的重担；当看到很多家长尤其男家长慢慢改变观念，积极参加幼儿园大小活动，促进孩子们更健康成长时，我惊喜家园共育的成果；当看到每位幼儿家长及时而且无偿为幼儿园解决各种难题，满足我们各种实际需要时，我牢牢记住这些故事，感激不尽！

好心情是在良好的关系互动中获得的。这种互动应该是真心和实在的。赞美与批评，帮助与拒绝，都必定是发自内心的爱。明白事理的人，自然会产生感激，有了感激，自然就有好心情。

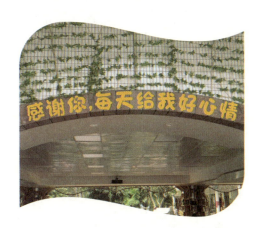 

每天提醒同事们，让好心情可视化

学会感恩是建构良好人格的开始，每个成年人都应为孩子们做出榜样，有了这个基础，孩子们的身心健康发展才会有保证，他们长大后，才能成为有教养的，具有"真善美"的人。

15 开放与学习

20世纪八九十年代，我们走出园门向各地名园同行学习，有些幼儿园要买"门票"才能进去。于是有同事向我提议，别人来我们幼儿园参观学习，我们也可效仿每人收20元。对此，我表示反对。理由很简单，同行来参观，说明已获得别人的认同，他们学了我们现在的经验，而我们又向前探索迈进了。

1997年5月，我在珠海参加健康教育研讨会，第一次认识华东师范大学朱家雄教授、华中师范大学郑晓边教授。此后4年，我一直与他们保持联系。2001年，我邀请朱教授亲临顺德机幼指导，历时一周，请他随意观察。朱教授很奇怪地问我："陆老师，你为什么不像其他园长那样，建议我看什么呢？"我说："朱教授，我是请您来把脉开处方的。"朱教授笑了，一周后他给顺德机幼全园教师作详细的分析总结，令大家茅塞顿开。事后，朱教授还以《把唯一的童年留给孩子》为题撰文，发表在香港《儿童成长》杂志上，文章结尾这样写道："'把唯一的童年留给孩子'，一周的幼儿园生活使我认识到这句很普通的话具有深刻的内涵，真正做到这样，这正是幼儿教育工作者应该追求的目标。"（注：当年办园理念还是"把唯一的童年留给孩子"）

2000年4月，我们派出20位教师前往上海学习，先后参观了6所知名幼儿园。12月初，顺德市外事局安排澳大利亚友人詹妮来访顺德机幼，短短两小时所见所闻，她对顺德机幼留下了美好的印象，回国后她给我寄来了一封信。

2001年4月至6月，顺德机幼作为顺德文明窗口，接待高校师生369人。6月，顺德机幼派出7位教师前往香港教育学院，参加第五届国际幼教研讨会，家委会工作经验材料被大会专刊选登，我和3位同事在会上介绍经验。

2002年11月20日，北京师范大学博士生导师陈帼眉教授来顺德机幼指导工作。12月10日，著名儿童心理教育专家、天津市教育科学研究院孟育群教授应顺德机幼家长学校邀请，给家长讲授"亲子关系与幼儿成长"；12月23日，台湾著名音乐教授陈功雄来顺德机幼作"经典音乐与大脑潜能开发"主题讲座。

2003年3月22日，顺德机幼及分园与珠海启雅幼儿园签约，结成姐妹园。

2005年，我带队参观考察南京7家幼儿园，其中包括鼓楼幼儿园。南京是幼教发源地，中国第一所实验幼儿园——南京鼓楼幼儿园由著名教育家陈鹤琴创办。他前瞻性地提出"生活即课程"的教育理论，尊重孩子的教育思想是他一贯的主张。回园后，我和同事们就在"生活即课程"上大做文章。

2006年"六一"儿童节前夕，顺德机幼及分园开始做"跳蚤小市场"，这是顺德教育界的首创，其中顺德机幼孩子筹得善款2万多元，购买了542份玩具和体育器械，寄给四川省绵竹市汉旺镇中心幼儿园，让当地孩子也过上一个快乐的儿童节。

"跳蚤小市场"培养了孩子们的爱心，拓展了他们的认知，增强了他们的环保节俭意识，也加深了亲子情感，拉近了家园关系。"跳蚤小市场"开始前，教师、家长协助孩子申购摊位，组织货源，研究推销技巧，安排捐赠善款；孩子们从中体验营销，学习计算，培养财商。我们把爱心善款送到贵州省黔东南苗族侗族自治州雷山县排里小学、陕西省榆林市佳县店镇贺家沟小学、青海省果洛藏族自治州达日县藏文小学和民族小学、新疆喀什地区伽师县中心幼儿园，我还和梁平谦园长带队随同佛山市教育局李亚娟局长一行前往新疆伽师县支教，给教师上课，我和梁平谦分享管理经验。

2016年底，我们接受华南师范大学学前教育系几位教授的指导时，系主任杨宁问我："顺德机幼办得这么好，最大的特色是什么？"我笑着说："最大的特色是没有特色。"杨教授听后哈哈大笑："没有特色就是最大的特色了。"

澳大利亚友人詹妮来信

亲爱的陆园长：

非常感谢您在我参观顺德机关幼儿园期间的热情款待。

在之前的晚宴上，我向董立英小姐提议参观幼儿园，当安排落实后，我真是感到十分兴奋和期待。

当我看到一群活泼可爱的小朋友，这足以证明陆园长和全体教职工如何尽心尽力将幼儿园管理得井井有条。

顺德机关幼儿园比我在澳大利亚见过的任何一间幼儿园都更优秀——无论是先进的教学方法，还是完善的教学设备。澳大利亚的幼儿园尚未配置教儿童各种实验的科教室和铺上木地板的专门舞蹈室，教师只教幼儿一些基本知识，但不及你们教导得有经验。另外，澳大利亚的幼儿园也不设游泳池，必须到小学才配备。顺德机关幼儿园留给我如此之深的印象——无论是教导孩子正确的行走方向和交通意识，还是教导孩子不同平面的辨别，甚至是天台花园、小厨房等，都让我难以忘怀。

我已将陆园长送的画装裱好挂起，所有看到的人都赞赏不已。

此次参观顺德机关幼儿园，是整个行程中最精彩的部

分，再次多谢陆园长的接待。谢谢！

您的朋友：詹妮·格拉翰

2000年12月14日（寄自澳大利亚）

环境，是隐性课程，其创设过程十分讲究。孩子在幼儿园3年、小学6年、中学6年，他们最宝贵的时间大部分在校园度过。因此，环境潜移默化地影响着他们对自然世界的认知。我们重构环境空间，可实现人与环境的和谐融合。

幼儿园每逢搬迁、改建、扩建、重建、新建，都是环境创设的关键时期，里面凝聚着我和同事们的理念与匠心。

小天地，大乾坤。早在1992年，我对幼儿园的环境创设便有别样的思考，坚持环境创设生活化、教育化、儿童化、科学化，以实用、耐用为原则，使其成为孩子们真正的乐园。

环境创设·

第三篇

16 爱别出心裁

　　1992年，我上任顺德机幼园长第二年，大良因城建需要，顺德机幼第一次搬迁，从广东四大名园之一的清晖园旁边的大侨房搬到环城路物资局。

1992年，县物资局改造成顺德机关幼儿园

将一个物资局仓库和办公大楼改造成幼儿园，难度很大。仓库没有沉箱，但要配置洗手间，场室空间不足，需要扩建。环境改造应有儿童特点，我却没有半点建筑经验，当时真是一筹莫展。

通过查阅资料、外出参观和独立思考，我全身心地参与改造设计。最后，我们在环境设计上，居然还有几个得意之作。

在环境改造的过程中，我坚持保留物资局原有的石山、凉亭。在旧楼旁边，我巧妙地利用新建的楼梯设计出一个延伸小平台，造型像船头，船头上可以插上旗杆，这里便成了我们的升旗台。操场上有几根柱子，我要求把它们塑成大树，又把天台透气管塑成几根竹子，让幼儿园看起来融入大自然。由于空间不够，我把游泳池建在室内，保留水乡特色。最特别的是，我在每个课室不仅设置了幼儿洗手间，还设置了成人洗手间，让带班教师不至于离开课室如厕而可能让孩子出现意外。

20世纪八九十年代，校舍柱子多是直角方柱，这对于喜欢奔跑嬉戏的孩子们来说，一旦发生碰撞就非常危险。于是我提出，改建时把方柱改成圆柱。

为了保证孩子们在下雨天也有宽敞的活动空间，我又提议把走廊拓宽到3米。那个年代，学校走廊宽度大多是1.5米，对此，领导认为拓宽到3米，像一个人的大嘴唇不好看，我只得详细说明拓宽走廊的理由，领导听后说："不如把走廊做成2.5米，然后把它封起来，再装上空调就行了。"我说："这样做不但要增加成本，而且空气不流通，

又不可能让孩子长时间封闭在室内，如此不利于孩子健康。"最后，领导还是采纳了我的建议。改造后，顺德机幼的走廊宽度有3米，为孩子们提供了更开阔的活动空间。

1996年，顺德机幼易地重建，走廊宽度也是3米。为方便教师在墙上张贴环创作品而不致墙身脱皮，也防止孩子把墙壁涂脏，减少维护成本，我又向领导建议，在走廊墙面铺贴高度为1.8米的瓷片。当时主管城建工作的刘世宜副市长说："走廊墙面铺贴瓷片，那不成了洗手间吗？"我说不会的，只要瓷片素色，实在没有单一素色的，带点淡花纹也行，关键是耐用、实用。刘副市长听后，又采纳了我的建议。

2016年，为满足社会对优质学位的需要，顺德机幼扩班，把美术室改成活动室。当年，顺德机幼同时迎来65周年园庆。有几位同事认为，课室改建涉及开门、拆窗，又找不到同样的瓷片，因此建议把一面20多米长的墙壁瓷片铲除掉，重新设计铺贴。对此，我表示反对，理由也很简单，一拆一装都要成本，没有必要。个别园长坚持拆除，主张重新设计，并带我到现场观看，强调如果不重新拆装设计，家长看到会有意见。我说，家长不会在意墙壁的材料、颜色，只会关心墙壁上的教育内容。我坚持保持原貌，在改造后的墙壁上多花心思，为此节省了一笔钱。而事实证明，没有任何人对这面改造后的墙壁提出异议。

17 黄色警戒线

行走靠右，这样的常识大家都知道。在校园楼梯上用图示、文字标注，提示行人靠右走，如今已司空见惯。

但在1993年，我已如此做了。为让孩子们学习靠右行走的规则，在那座改建的幼儿园里，我在楼梯中间画了一条黄线作为分界线，上下楼梯均靠右行走，这在当时的校园里是少见的，直至以后建的每个新园，我干脆要求施工队在楼梯中间贴上橙红色的瓷砖。有了这条分界线，孩子们就能直观地学会靠右行走，如果哪个孩子走错了，教师就让他重新走一遍，以作强化。当然，我们也要求教师和家长们在日常生活中为孩子们做出榜样。

1997年，新落成的顺德机幼更宽敞，活动场地更大。当时，幼儿园的外观根据我的意见按"城堡"模样设计，可城墙凹下去的地方存在一点安全隐患，有的同事建议我把凹口填了，有的建议围上铁网，我觉得如此处理都不妥，但安全责任重于泰山，我一时无计可施。突

然，我脑海里重现一个场景：1996年，我去香港探亲，在出入境大厅看见的"一米黄线"。

于是，我先在"城墙"旁边种上一排带刺的花，再在距"城墙"50厘米处画上黄线，并写上"禁止超越黄线"字样，然后又在幼儿园所有存在安全隐患的地方都画上黄线，这便成了顺德机幼的安全教育课程。有趣的是，1998年，广州市粮食局幼儿园园长李自平来顺德机幼参观时对我说："哎呀，我今天才知道画黄线的用途，我们粮食局局长视察幼儿园时，也曾叫我在危险的地方画上黄线，当时我不好意思问画什么黄线，现在明白了。"听她说完我们都哈哈大笑。

18 天台活动场

由物资局旧楼改造而成的幼儿园，户外场地远远不足，我又与设计院潘院长和政府领导商量，把天台建成运动场和游乐场，天台另一边设计的休闲区有小桥流水、小舟摆渡，还铺上草皮，生态自然，又能为三楼课室降温。

1996年，当顺德机幼易地丹桂路新建时，我建议天台的一边也建成休闲小花园，上面种植各种花草树木，路径旁边还设计有小凳子、十二生肖小动物，这些贴近生活的教育内容，让孩子们流连忘返。

天台另一边，把原计划盖成卡布隆遮光栅的设计，改成可以让植物攀爬上去的棚架，既阴凉，又有阳光照射，还能让孩子们运动锻炼。刘副市长再次接受了我的建议，他说这样实用省钱，最后还在上面铺成了两个小足球场，孩子们玩得更欢了。

天台高低墩和生肖小动物石像

孩子们在天台小足球场上训练

19 阶梯变斜梯

1996年顺德机幼易地重建期间，广东省教育厅刚好组织全省20位园长赴澳洲考察，我是其中一员。回国前一天，我们在一间商场购物，我悄然发现里面有间小小阁楼，上下楼梯居然不是台阶，而是螺旋式缓坡，我顿时眼前一亮：对！新建的顺德机幼楼梯就设计成斜梯。

我立即用国际长途电话联系负责工地建设的胡总："司令，原来楼梯可以不用台阶，建造一个18至20度的锐角斜梯多好呀！""司令"是我们对胡总的尊称，胡总听后哈哈大笑："建这种楼梯，占用空间大，需要材料多，造价成本高。目前，四个楼梯都扎了两层钢筋了，不能改啊！"我一听急了，连忙央求："司令，请您先暂停楼梯施工，我明天就回国，到顺德后再跟您商量。"

回到顺德第二天，我想了想，干脆直接求见主管城建的副市长刘世宜，要求把台阶式楼梯改建为斜梯。刘副市长应该早听胡总汇报过，他说："改建斜梯是不可能的。"刘副市长重复了胡总的理由，我一听更着急，一口气陈述了几个理由："第一，幼儿园绝大部分是女教工，前几年第一次搬家时，没有外请一个人，在七、八月烈日当空下搬运，很多人中暑，包括本人在内，如果有斜梯，用手推车就可以把物品直接运上去，既省力又安全；第二，可提升孩子们身体协调能力，孩子们每天从没有梯级的一楼爬到三楼，好比做"感统训练"，不用添置专项运动器材，不是既实惠又高效吗？第三，如果有什么突发事件需要疏散，孩子们一溜烟跑下来，快速安全，这岂不是三全其美吗？"

刘副市长听后笑道："陆月崧，你想的好处真多。"他当即决定，从四个楼梯中选一个改建斜梯，其他三个维持原来的设计。新园落成后，这个斜梯特别受孩子们欢迎，有的特意绕道来这个斜梯上上下下。斜梯建成后还多了一个好处，用现在的说法就是无障碍通道。

孩子们的笑脸在"星光大道"熠熠生辉

利用斜梯的特点，后来又有了升级版。斜梯没有安全隐患，孩子们上下楼梯，不用看地面，由此我联想起意大利诗人马拉古兹的一首诗《儿童有一百种语言》，其诗句告知教师、家长，孩子们有不受约束的天性。于是。我让美术教师把斜梯变成"星光大道"，把全园所有孩子的笑脸照张贴在"星光大道"墙壁上。每天，孩子们追逐在这条"星光大道"上，寻找自己和同伴的笑脸，他们正是熠熠生辉的未来之星。

2002年，顺德机幼第一次与名企合作，建设新城区机关幼儿园（现名德胜幼儿园），其设计图纸就按照我的意见规划了两个更加完美的斜梯，可以直达5楼天台。

20 降低十厘米

1996年底，顺德机幼重建主体建筑完成，我仍不忘天天去工地巡查。有一天，我抬头一看，发现幼儿园大堂净空明显不够高度。虽说空间高5米，但大堂南北架设多条横梁，其中有一条主横梁垂下来，足足有60厘米厚。如果大堂吊天花的话，必须把横梁包进去，这样大堂净空要减去60厘米，不吊装天花，又会让大堂显得非常不雅观。

这可怎么办？我又立即跑到刘副市长办公室，他听完我的汇报后说："图纸交给你半年多，现在才提出问题，你也要负一些责任。"

我很委屈地回答："设计院给我看的是平面设计图，如果是布局问题，我可以负责，但这里是关系到结构的呀，如果我能看懂施工图纸，那么就不用设计院了。"

刘副市长觉得我讲得有道理，马上打电话到设计院，问是谁设计的。我听不到对方说什么，只听到刘副市长的批评："你要看实际呀，光看书本行吗？大堂净空高5米，横梁占用60厘米，这个大堂不是很成问题吗？"

为了解决这个问题，我鼓起勇气请刘副市长到顺德机幼现场察看，平易近人的刘副市长让我坐上他的车一同前往。他走进大堂，仔细观察大堂净空高度，只见他沉默好一会，然后对我说："陆月崧，这样吧，把大堂地面降低10厘米。"

我想了一会又问："按照风俗，大堂地面降低，感觉水往外流，这样合适吗？"刘副市长笑着说，虽然大堂地面降低10厘米，但大堂前面还有小操场，大门口可以稍高一点，水还是往里面流的。

刘副市长那一次现场办公，让我铭记一辈子，也感恩一辈子。

21 里外游泳池

顺德是岭南水乡，我总希望孩子们能在上小学前学会游泳这项宝贵技能。还在均安担任小学校长期间，我就特别重视学生学习游泳。

1992年，顺德机幼搬到环城路，室外没地方建造游泳池，我建议建在室内，意见被采纳。顺德机幼拥有室内游泳池，游戏进入课

孩子们一年四季在常温游池学游泳

程，大班大部分孩子学会了游泳，有的家长还对我说："孩子学游泳后，体质明显增强，一年四季可以用冷水洗澡。"

1996年，顺德机幼易地丹桂路重建，条件更好，顺理成章地建成了室外游泳池和玩水池。一年四季，游泳班的孩子每天早晨坚持在常温下训练，如果水温低于13摄氏度，就在室内用冷水、热水轮换冲身。冬季早泳，我还要求厨房同事煲好姜糖茶，让上岸后的孩子们马上饮用以驱寒。家长们都说，顺德机幼的孩子太幸福了。从顺德机幼出来的孩子，后来有好几个成为国家二级游泳运动员。

顺德机幼的4个分园，有3个建造了室外游泳池，那里是孩子们最喜爱的地方。

22 山坡小长城

顺德机幼易地重建，我几乎每天跑工地，时不时会发现设计图纸与现场实际存在差距。我根据教职工和孩子们的需要，不断触发创新灵感，难免要对局部工程进行拆除变更，以至于工地负责人胡总见

到我就笑："陆园长，今天又有什么需要拆改的吗？"胡总就是上文说的"胡司令"，他非常理解和信任我，我大多数的意见都会被他采纳，经过拆改后的地方的确更加实用。

顺德机幼及2022年开办的新园，都建了标准篮球场，孩子白天玩，教职工下班用，还根据教育需求堆成大山坡，建起迷你小长城，立体空间因而更大了，这些设计在当时都是非常超前的，到现在恐怕也不过时。

迷你小长城是孩子们经常去溜达的地方。当时，我们为了把长城"搬"进顺德机幼，很多天我都在操场徘徊，有一天灵感终于来了：长城迂回曲折，正好顺势建在围墙边，这样既仿真，又不占过多地方。兴建小长城时，我们又在小长城底下开挖隧道，每隔2米一个出入口，大人蹲下身子，能清楚检查里面是否藏有孩子，也方便清洁人员定期打扫。看着孩子们乐此不疲地在小长城和隧道里走来钻去，我和孩子们一样开心满足。

迷你小长城是孩子们喜欢的地方

23 生态小庭院

顺德机幼原来的设计受用地面积局限，其主体建筑呈四合院式布局。四合院中间是个内庭花园，面积大约有800平方米，园舍周边仅一条3米宽的消防通道。

就内庭花园这块小天地，我用心设计，里面藏着小乾坤，如种植了少见的串钱柳，还有能净化空气的蔓藤细叶紫薇。我们还专门设计

孩子们在植物迷宫里玩耍

一个植物小迷宫，孩子们在里面穿梭游玩，尽享斗智的乐趣。

内庭另一角，是一眼不规则的小池塘，配有水渠、小桥。池塘边安装了水泵和水车。水泵开启，水车便随之翻转，清水流进小渠。孩子们把折好的小纸船放在水渠上，顺水而流，从而亲身体验到水是可以流动的。浅浅的小池塘还养有小鱼，吸引孩子们逗鱼取乐。

我和孩子们在紫薇藤下

紫薇花下是半圆形石凳，这里成了家长和孩子休息的好地方，也是小小班早上活动的场地。在这里聊天或讲故事，都非常适宜。孩子们玩累了也可以坐下来休憩。四合院北边地块和后院，还开辟出菜园、果园。果园内种了20多个品种的果树，等果实成熟时，幼儿园便统一安排，摘下给孩子们品尝、分享。果园还成为"特殊需要"幼儿户外活动的好地方。

24 塑胶篮球场

顺德机幼重建时，我专门规划建设一个标准篮球场，要求同时满足孩子们锻炼和教职工打篮球的需要。孩子们用的球架是活动的，顺德机幼的男教职工多喜欢打篮球，把孩子用的球架移开，就变身成为一个标准的成人篮球场了。

篮球场采用塑胶材质铺成，既环保又安全。在20世纪90年代，估计这样高标准的塑胶篮球场算得上佛山教育界的奢侈品，尤其在幼教领域，更是罕见。

大良万圣怡幼儿园篮球场

从1995年开始，顺德机幼陆续招聘带班男教师。这些男教师充满阳光活力，敢想敢干，建成标准篮球场，便为他们提供了与家长、机关工作人员、中小学同行开展篮球联谊赛的条件。一时间，下午放学后的顺德机幼的篮球赛热闹非凡，孩子、家长和教师都坐在大山坡上观赛，成为运动员绝对的拥趸。比赛中，大家时而紧张，时而鼓掌，场面好不热闹。

以后陆续开办的新城区机关幼儿园、均安鹤峰大地幼儿园，也同样建有标准的篮球场。即便是户外空间不足的大良万圣怡幼儿园、容桂东逸湾英伦幼儿园，我们也想方设法铺出"袖珍"篮球场、足球场，让孩子们开展篮球、足球等体育运动。

25 睡床可收放

顺德机幼新园落成后，该给孩子做怎样的午睡睡床，又是我天天思考的问题。

为两个多小时的午睡，占用大大的空间，这太浪费了。我苦思冥想，一个画面在我脑海里浮现：做一排可收可放、可上可下的小睡床。

如今，午睡"躺平"是许多小学都已经做到的事。可我在26年前设计的可收可放小睡床，早已让顺德机幼的孩子人人"躺平"。

我设计的收放小睡床分上、下两层。下铺收拢起来就是一排木柜，被褥、枕头放在柜子里。柜子下面摆放着平衡木，平时当板凳，孩子踩上去可训练平衡能力，午睡时用以托着柜门拉手，防止床板滑动。柜子打开，柜门就是床板。上铺则是固定的，孩子们通过不锈钢梯子安全放心地爬上爬下。这样的设计，生活教师很辛苦，但对锻炼孩子们的身体协调能力意义非同一般。

"这样很危险，孩子掉下来怎么办？"有好几次，省、市领导来顺德机幼视察检查时，都对上铺小睡床的安全性表示担忧，建议我拆掉上铺。每当这个时候，我总是笑着回答领导："行，我们好好研究一下。"

我不想同领导解释什么，但也不会拆掉。道理再简单不过，安全固然排第一，但孩子们也要在生活中学会自我保护。我们明确规定上、下床铺的细节要求：一是选胆大心细的女孩睡上铺；二是对如何爬上爬下，如何坐卧，如何穿脱衣服都有明确的要求。上床时，孩子面向睡床，双手扶着梯子爬上去，上床后转身脸朝外，坐着脱衣服，睡醒后也是脸朝外，坐着穿衣服，下床时与上床时一样，要求面对着睡床一步一级往下走。上、下床铺流程清晰，要求严格，孩子们习惯成自然，意外从没发生过。

为以防万一，我们还在床下垫上一圈地毯，即使睡上铺的孩子不小心掉下来，也是没有大碍的。

孩子们认识和学习如何上下小睡床

安全管理应是主动教育，而非被动保护。

有趣的是，一些男孩子发现只让女孩子睡上铺，认为这是不公平的，他们也要求睡上铺。我知道后就对教师们说，这很好办，看哪个男孩守纪律，就奖励他睡上铺。好玩吧，睡上铺居然还可以成为奖励呢！

26 睡室小风波

　　顺德机幼向来学位紧张，供不应求。政府办公室有领导提议："我们幼儿园三楼敞厅那么大，好好利用起来，就是一个大课室连同睡室了。"我们觉得有道理，但问题是没法设计洗手间，商量的结果是把离课室约5米远的公共洗手间安排给这个新扩的班使用。

　　可没想到的是，使用这间大课室的大班家长意见很大，他们一齐来找我理论："陆园长，你怎么搞的，我们孩子上的是同样的幼儿园，交的是同样的费用，为什么待遇天壤之别？一个幼儿园21个班，

大课室用一扇趟门将活动室和睡室隔开，拉开趟门就增大了空间，该班睡室（右1）与其他班（左1）还是有区别的

只有我们班没有套间，没有完整的睡室和洗手间，我们的孩子不是明摆着吃亏吗？我们坚决不同意。"

　　面对一大群生气的家长，我笑着对他们说："这表面看起来很吃亏，其实你们的孩子是占了大便宜。能够来到顺德机幼学习已经很不错了，而孩子们明年就要升读小学，条件好的小学一层一个洗手间，条件一般的小学全校才有一个洗手间，哪有可能像我们幼儿园班班有洗手间呢？你们这个班没有专门的睡室，教师和孩子们一起收拾整理被褥，可趁此机会锻炼孩子们的生活自理能力。更重要的是，提前让孩子们做好环境变化的适应准备，他们明年读小学一定比其他孩子更独立，你们想想我讲的是否有道理？"一席话把家长们说服了，从此再没有听到这个班的家长对这个简易课室有投诉。

　　与家长沟通，专业、真诚地对话，只要在情在理，都是有效的。

27 温馨万圣怡

　　2008年，顺德机幼与某房地产公司合作开办大良万圣怡幼儿园。

　　万圣怡幼儿园坐落在大良兰乔圣菲花园大门口，是名副其实的

大良万圣怡幼儿园是一座大别墅

小区配套幼儿园，家长接送孩子非常方便。幼儿园设计别致，西班牙风格，犹如一座大别墅。房地产公司提前植树，园舍落成时已绿树成荫，大房子中间还有天井，楼房三层，后院别有风景。

我根据这些特点，商量决定以家的概念装修这间幼儿园。首先把里面的全部间墙拆掉，重新规划布局，原来的设计每班都有一个大阳台，我们最后决定把全部大阳台装上玻璃，课室马上变成大套间，有活动室、游戏室、睡室、阳台。幼儿洗手间分性别，还有独立的成人洗手间。教师办公区、幼儿午睡观察窗、储物柜等一应俱全。幼儿园地面，我按家庭风格选用30×30厘米的红色文化砖铺贴。几位美术教师一起去挑选的窗帘样板不太合适，我便亲自去选，窗帘挂上去后，礼堂显得特别洋气，睡室也显得特别温馨。如今已使用16年，依然像新的一样，一直没更换过。专职美术教师陈丽敏、好朋友王志宏在大堂做了一面石膏浮雕墙，摆上电视，大堂又变成了客厅。在天井的两面墙上，陈丽敏又制作了两幅西洋画彩雕，天井种上花草，美轮美

奂，好一个"大户人家"。

万圣怡幼儿园开课时间迫近，在紧张之余，我又总感觉缺点什么。对！就缺一张全家福。于是，我让全体同事每人带一张全家合照回园，由美术教师拼成一张大大的全家福。在上面，我写了一句长话：一个个温馨的家组成一幅幅动人的画，一张张幸福的笑脸抒发心里话："我爱万圣怡这个家！"

2008年开课前，杏坛镇某中学谭老师带着女儿来万圣怡幼儿园参观。当时刚好我接待，她女儿准备升读大班，只听谭老师问女儿："文文，你参观过顺德机关幼儿园，又参观过新城区机关幼儿园，现在看的是万圣怡幼儿园，你喜欢哪一间幼儿园？""我喜欢这里。""为什么？""因为这里小小的，像一个家。"文文的感觉是对的，学龄前的孩子更在乎环境的舒适和温馨。听着母女俩的对话，我更坚信这样一个道理：孩子的思维和视觉与成人完全不同，因此要相信和尊重孩子的感受。后来，文文入读万圣怡幼儿园大班，毕业后升读小学，她一直表现得特别适应和自信。

幸福小家组成温馨大家

28 实用型窗帘

2013年2月，顺德机幼新的分园容桂东逸湾英伦幼儿园即将开办。这是一所由写字楼改造而成的幼儿园，占地5000多平方米，建筑面积8000多平方米。园区的外立面全是玻璃幕墙，采光好，但遮光困难。最头疼的难题是用什么窗帘。改造出来的课室，宽敞明亮，可面对一大片玻璃幕墙。既要遮光，又要美观，3.8米高的窗户，用的窗帘布一定要厚，这样垂下来才有效果，但花钱多不说，光是洗涤和维护便是个大难题。如果窗帘全拉开，光灿灿一大片，全合上吧，采光又成大问题。

我们反复商量，仍一筹莫展。这次幼儿园改造，加上设备添置，东逸湾教育公司投入已超过1000万元。我心想，幼儿园开支能省则省，但幼儿园即将开课，窗帘到底用什么款式呢？突然，我想到采用简易窗帘。同事们说，这个幼儿园不是定位高端吗，这岂不降低了幼儿园的档次？

　　我表达了自己的想法，认为配简易窗帘并不会影响幼儿园的品质。窗帘与窗户玻璃浑然一体，不仅美观整洁，而且可灵活调节高度，既能防火，又不影响采光效果，还能省下一大笔费用。窗帘挂上去，果然不出我所料，美观又实用。幼儿园开学后，公司负责设计的陈总亲临幼儿园视察，他对窗帘设计非常满意。需要特别说明的是，这个窗帘非常耐用，一用便是10年，直到容桂东逸湾英伦幼儿园十周年园庆前，窗帘出现硬化问题，我们才又全部换上新的拉帘。

我特别认同儿童教育家李跃儿的教育观："孩子是脚，教育是鞋。"的确，只有适合孩子的教育，才是真正好的教育。生活就是课程，我们开发的课程应当紧密贴近幼儿的现实生活和实际需要，培养孩子爱祖国、爱家乡、爱集体、爱劳动、爱科学的"树人教育"，实施德、智、体、美、劳五育并举的全人教育，都有深远意义。顺德机幼及分园每学年都策划组织大大小小的活动，并且逐年完善，渐成品牌课程。

不跟风，不随大流，不断创新，是我们几所幼儿园的办园原则。早在1991年，顺德机幼已实行"三不教"方针：不教拼音，不教写字，不教不该教的内容。当时，家长普遍反对这"三不教"，甚至连小学一年级教师和同事们也表示担忧。作为园长，我完全明白哪些该教哪些不该教，因此从不妥协。时至今日，国家不也是如此规定吗？

丰富课程

第四篇

29 唯一的童年

　　顺德机幼第二次搬家从环城路迁至丹桂路后，办园条件鸟枪换炮，占地面积达20亩，设施设备又新又多，这时我每天思考的是应该为孩子提供什么？

　　那个时候，全国上下有句脍炙人口的口号："一切为了孩子。"我知道，这是20世纪40年代宋庆龄提出来的。那个年代，孩子们缺衣少食、没学没玩，但现在大不一样，穿多吃剩、玩多学厌，因而这个观点已变得含糊。这"一切"是什么？我反复思考，认为一切为了孩子，就要尊重孩子的真实需要。如何留住孩子的童年，这才是学前教育需要研究的重要课题。我回顾十多年从事中小学一线教育的经历，反复思考幼儿园该做哪些事，什么才是最重要的，现在的孩子不缺吃、不缺穿，他们究竟最缺什么？

　　1997年，基于个人的教育经历和实践，我在不断地学习和思考后，为学龄前孩子的教育赋予新的内涵，在顺德机幼前瞻性地提炼出办园理念：把唯一的童年留给孩子。这一办园理念具体落实在"动"和"乐"中，以此不断设计园本课程。

所谓"动"，即让孩子在充分的活动中积极参与，继而促使他们从"内动"到"主动"。

所谓"乐"，即通过创设适宜孩子实践和体验的各种活动，让孩子乐于参与，最后升华为发自内心的"快乐"。

办园理念很快出现在顺德机幼最显眼的大门口位置，受到社会各界关注。不久，我便收到当时的顺德市教研室梁老师的来信，他在信中写道："童年肯定是唯一的，同样道理，青年、中年、老年也是唯一的，所以提唯一便没有什么意义。"然后，他又建议把"童年"改为"童真""童趣"或"童心"。

我看完这封信，马上打电话到教研室与梁老师交流。我说："很感谢您的关注！虽然童年、青年、中年、老年都是唯一的，但童年与日后的人生阶段有着本质的差异，童年是不可逆转、不可替代、不可弥补的。童年从0到12岁，相对于人的一生来说，童年尤其独特和珍贵，不能轻易错过和忽略，所以才强调'唯一'，而童真、童趣、童心都在童年里面，而且童年还包含童权呢，儿童的权利就是玩。没有这些东西，童年还有意义吗？所以，我还是保留自己的观点和表达，坚持把办园理念确定为'把唯一的童年留给孩子'。"通过交流，梁老师也很认同。后来，又因我们几所幼儿园都接纳"特殊需要"幼儿，我又在这句口号中增加了"每个"，那就是现在的"把唯一的童

年留给每个孩子"。

办园理念确定后，我和全体同事则携手推进"动"与"乐"融合，顺德机幼及分园，在课程建设探索中均出现若干"首创"和"第一"，为后来者借鉴提供了范本。

"把唯一的童年留给每个孩子"既是办园理念，也是园本课程的核心观点，在这一观点的统领下，我们研发了丰富的园本课程。"把唯一的童年留给每个孩子——快乐成长课程园本化的实践研究"获得顺德区政府颁发的科学技术成果一等奖。在此要特别说明的是，之前在顺德地区的教育系统，从没有学校获得过一等奖。后来，此成果再次获得佛山市和广东省普教系统教育成果奖一等奖。为此，我写了一篇文章，题为《耐得十年板凳冷，方有今朝艳阳红》，发表在当年的《顺德报》上，详细回顾了我们践行办园理念的艰辛和收获。

顺德机幼正门口的办园理念

耐得十年板凳冷，方有今朝艳阳红

2010年12月24日下午，广东省第21届中小学教育创新成果颁奖会在广东省科学馆举行。

今年，全省中小学、幼儿园申报的参评项目共有285个，获奖的有92个。在仅有的两个一等奖中，顺德机关幼儿园不仅占有一个席位，而且获得总分第一名。这是该评奖项目设立21年来唯一获得一等奖的幼儿园项目。

这个来之不易的成果，饱含过程的理性、执着和艰辛。

因为"把唯一的童年留给每个孩子——快乐成长课程园本化的实践研究"，这个理念从提出到实践一干就是13年。

20世纪90年代，社会上大吹幼儿教育各种风。当八面来风吹得人有点懵时，顺德机关幼儿园的园长却表现得相当冷静，因为她们一直重视学习和提升，重视园所文化创设和实践过程思考。她们认为，如果真的"一切为了孩子"，那就要留住孩子的童年。因为从童年到老年的漫漫人生，童年期有着独特的价值。

早在国家颁布新的《幼儿园教育指导纲要（试行）》前的1997年，顺德机关幼儿园便前瞻性地提出了"把唯一的童年留给每个孩子"这一科学的办园理念。正是这个"唯一"的强调，才使我们从教师到家长都以非常慎重和理性的态度

对待幼儿教育，生怕一不留神就会给孩子的成长带来难以弥补的损失。

十多年来，我们曾被自己的家长和教师责备和怀疑。因为我们坚持不教拼音、不教写字、不教可以在小学学到的东西。就这样，园长们毫不动摇，带领全体教师在不断实践的基础上总结、学习、反思，让家长参与过程的管理，我们不被社会上各种商业行为所诱惑，也不被各种"气候"所干扰，坚定不移朝着一个方向走——"把唯一的童年留给每个孩子"。只要适合幼儿的教育，再难再烦也去做。

由此，便有了到每个镇举办毕业系列活动的行动；便有了每年"六一"让全体幼儿上台当演员、每年运动会让全体孩子当运动员的举措；便有了让每一个孩子都有机会当仪仗队员的决心；便有了为转化一个特殊孩子，建议家长全天陪读，让所有东西都在家长眼皮下，让所有家委会成员随时检查我们工作的底气；便有了很多特别的课程：每周的自助餐、混龄活动、快乐周末，每月生日会、看电影、冬泳、下棋、英语活动、亲子共读、参观旅游、爱心行动、防火避震、爱国教育小军营等。

为了孩子们的健康成长，教师们可以中午不休息，忙着给家长上传教育活动照片，可以夜以继日，废寝忘食，可以让本班家长总动员为孩子们出书或做一台节目，也可以让外教专家一做就是六年、八年……所有经历都饱含困难和艰辛，然而，所有教师都干得神采奕奕，心情愉悦，没有丝毫的职业倦怠感。

我们的行政管理、园本培训、课程建设、家园共育、幼小衔接、"特殊需要"幼儿融合等，都可以做得与众不同。

前段时间，清华、北大、人大等著名大学校长在谈到我国"象牙塔"教育时，他们的观点切中时弊："我们在教育学生脚踏实地的同时，是否也要他们仰望星空？""我们现在的教育专业太窄，功利太强，人文精神太弱……"世界著名科学家杨振宁说："中国学生的基础知识世界一流，而创造力却世界末流。"前段时间，某报公布世界21个国家、地区中学生测评结果：中国学生的基础知识排世界第一名，想象力排倒数第一名，创造力排倒数第五名。所有这些现象，不能不引起我们的深刻反思。

教育，不可以短视和急功近利。

希望"钱学森之问"能让我们清醒过来。

正是十三年耐得寂寞的坚持，才修得了今天的正果。

30 鼓乐仪仗队

每周升国旗，是孩子们心中最神圣的事情。

周一早上，时针指向7时50分，园歌响起，在幼儿园的大门口，很多孩子甩步飞跑，生怕迟到错过每周一次的升旗仪式。

一些小班孩子的家长告诉老师，孩子进园还不到一个月，一到星期天就不停地嚷着星期一早点回幼儿园参加升旗仪式，看仪仗队的哥哥姐姐打鼓，看国旗升起，还要唱国歌。

时针指向8时，刚才还热闹喧哗的幼儿园一下子变得庄重起来。操场上全园数百名师生的眼睛都同时盯在一位神气的小指挥身上，只见他把亮闪闪的指挥棒一扬，幼儿鼓乐仪仗队的孩子们马上按鼓谱节奏整齐演奏起来。鲜艳夺目的五星红旗随着护旗手出旗，全场注目国旗冉冉升起。此时此刻，全园师生和在园门口观礼的家长的神情都变得那么庄严，一些迟到的孩子也会在队伍后面行注目礼。

组建幼儿鼓乐仪仗队，顺德机幼又办成了一件当时很多人认为不可能的事情。

1997年，顺德机幼搬进新园，男教师赵国柱向我提议，希望组建幼儿鼓乐仪仗队，负责周一升旗奏乐。我当时很怀疑："这么小的孩子，行吗？"

国柱说："我有信心，因为我读初中时就是仪仗队员。"

"那您先去本原小学借小战鼓让孩子们试试，如果可以，您把鼓谱简化成节奏就行，重在参与。"国柱听后很兴奋，马上去借鼓，孩子一试还真行。于是，国柱便在每个大班挑选出五六个孩子，组成30多人的鼓乐仪仗队。对于这件事，有同事极力反对，理由是孩子太小，不能强求他们吃这个苦，可我相信教师和孩子们。

国柱毕业于广西师范大学音乐系，1995年入职顺德机幼，也是当年佛山幼教界第一位带班男教师。他以男性的独特视角，在课室墙壁挂上一个大大的棋盘，教孩子们下象棋，今天，他又想组建一个幼儿鼓乐仪仗队，我是无论如何要支持的。

国柱用下午放学后的时间进行训练，两个多月后，鼓乐仪仗队正式上阵。那是一个星期一的早上，七八位家长早早站在幼儿园门廊，我一见觉得有点奇怪："你们这么早来，有事吗？"一位家长对我说："孩子昨晚很激动，睡不着，说今天他们要在升旗仪式上打鼓，平时赖床的他早早就起来了。"我一听特别感动，也顿时明白了，只要孩子喜欢的事情，他们是不怕吃苦的。你看，小队员们个个自豪得不得了。

又有一天，另一个大班班主任张舟老师找到我说："陆园长，我班孩子很羡慕鼓乐仪仗队的小伙伴，叫我向您申请也当鼓乐仪仗队员。""是吗？！"我有点惊讶，心里想，一个班全部上，完全可以想象训练难度有多大，不过我特别欣赏张舟的"自讨苦吃"，当即答应："那辛苦您尝试吧！"

张舟毕业于湖南师范大学音乐系钢琴专业，她用"切—西瓜、切—西瓜、切—切—切—西瓜"的节奏，教会了全班孩子鼓谱。张舟把自己班的孩子训练成鼓乐仪仗队员后，我把她的经验推广到每个大班，后来每个大班轮值主持一个月升旗仪式，大班孩子人人都成了鼓乐仪仗队员。再后来，个个分园都如此操作，大班孩子都肩负起这个神圣的任务。

"鼓乐仪仗队"的孩子们

2001年，顺德机幼举行50周年园庆。典礼开始前15分钟，我突然想到，升国旗仪式应由孩子们负责，而不是放出旗乐，于是立即找到大班年级长兼班主任的林少红，要求她班孩子负责升国旗仪式，少红说没有任何准备，不敢上阵。我说："相信孩子们行的，不要有顾虑，按平时操作就可以了，请您马上召集孩子，告诉他们，今天有很多叔叔、阿姨参加我们的升国旗仪式，特别想看看你们班的鼓乐仪仗队，所以特别光荣。"少红一听有道理，马上去落实。不出所料，孩子们圆满地完成升国旗任务，在场嘉宾、观众都很惊讶、赞赏！

每逢周一升国旗，孩子们的鼓乐仪仗队成为顺德机幼及分园的一道亮丽风景。

陆园长的教诲深深烙印我脑海

1995年7月，我从广西师范大学音乐系毕业，因机缘巧合，有幸被陆园长招到顺德机关幼儿园，成为佛山市幼教界第一个带班男教师。2016年，我离开顺德机幼，现在佛山一家教育机构任职。

对于我，陆园长既是授业恩师，也是一盏耀眼、温暖、恒久的指路明灯。

陆园长总会在我们前面抢最重的担子，一路披荆斩棘地去开创各种全新的局面。从顺德机幼一园到多家分园，缕缕

温暖阳光照耀身边每个人。我们在工作、生活中遇到任何问题，总有陆园长指引，她给我们做出了最好的榜样。她高瞻远瞩，力排众议，坚持做出一个个让社会叹为观止的教育品牌。陆园长不会随意跟着别人走，不会迎合市场商业需求，坚持做本真的幼儿教育。数十年如一日，陆园长让我们这一群不同年龄的同事懂得，要怀着一颗敬畏之心去专注地做幼儿教育。

我永远记得陆园长的一句话，那就是"板凳会坐十年冷，文章不写半句空"。无论外界多么浮躁，社会多大诱惑，她一直坚持带领我们做真教育。

陆园长是我遇见过的最严格的领导。有一年，我参加当时顺德市教师技能大赛，获得第一名。光是教案，她就与我推敲过十几次，不断提炼和优化。那时候，我才开始知道什么是敬畏之心，什么是真正做教育。

陆园长数十年来坚持和我们奋斗在一线，亲身传授专业技能，教我们沟通技巧，有效开展教学教研，开拓创新思维。陆园长带给我们的思维，都是在工作和教学实践中建立的。每一天，陆园长都会带领着园长、值班行政人员风雨无阻早早站在幼儿园大门口，迎接每一个孩子、每一位家长和每一位上副班的老师，她向我们诠释什么叫作爱儿、乐教!

　　陆园长教会我们如何展现职业精神、教师品德，学会以长远眼光检视所在行业，敢于质疑，敢于打破，敢于创新!

赵国柱

佛山市爱一思教育机构运营管理副总经理

31 红旗小军营

　　我们把爱国主义教育融入课程和日常生活，如每周升国旗、"七一"建党日、"八一"建军节、"九一八"事变纪念日、"十一"国庆节、烈士纪念日、毛主席诞辰等日子，都是开展爱国主义教育的好时机。

　　孩子们上到大班，即将升读小学一年级，他们的规则意识、合作意识，还有良好的习惯、毅力、守时、专注等，都需要强化。如何开

展满足孩子兴趣的活动呢？由此我想到了中小学、大学的军训。

于是，我在园务会议上提出，要搞适合幼儿园孩子的"军训"，时间可选在10月，理由包括：一是10月有国庆节；二是这个季节秋高气爽，气候适宜；三是教官相对休闲，人手充足。我们把每年10月定为顺德机幼"爱国主义主题教育月"，把"五大领域"内容融贯其中，全园一起开展，大、中、小班各不相同。为了渲染良好的气氛，新学年9月开课后，各班课室门口都插上国旗，选好歌曲，孩子们天天放声歌唱。

2005年秋季开学，顺德机幼、新城区机关幼儿园携手举办大班级"红旗小军营"，为期20天，邀请北京天安门退役护旗手担任教官，进园为孩子们上课。退役护旗手身高都在1.9米以上，英俊潇洒，威风凛凛，大人、孩子都大开眼界，非常开心。

2006年，恰逢中国人民抗日战争胜利和世界反法西斯战争胜利60周年，"红旗小军营"如期开营。这一次我们吸取第一年活动经验，改进方法，优化课程，"军训"时间缩短为10天。

我们充分尊重幼儿年龄特点和发展规律，挖空心思，集思广益，利用一切可以利用的环境资源，从感性认知方面入手，将爱国主义教育内容与"五大领域"日常生活有机结合起来，以生动有趣的形式，促进孩子们的知识、技能、情感等全方位发展。

每年开展"红旗小军营"时，家长们都会喜出望外。他们根本没想到，孩子们的可塑性如此之大，平时磨磨蹭蹭不愿起床，而在小军营训练期间每天早上7时30分一定能准时出操，不怕苦不怕累，认真完成个人和团队任务。在小军营结营仪式上，嘉宾、家长看到孩子们不一般的表现，总有人禁不住流下热泪。"五大领域"内容融入连续10天训练：在语言方面，孩子们听教官叔叔讲军营故事；在艺术方面，安排电影周，孩子们看《小兵张嘎》等儿童战斗片，还画军装、国旗、国徽，唱军歌；在数学方面，孩子们与同伴、教官比高低，做测量，学报数；在社会方面，孩子们包饺子、做月饼、叠被子；在健康方面，每天出操，练军姿，变队列，学跨越，匍匐前进等。训练期间的星期六，各班教官还带领孩子和家长一起走出园门去拉练，内容丰富多样，充满挑战。

我常常到小军营现场观看，偶尔也给教官一些训练方法。例如，当我看到教官训练静立3分钟时，感觉方法和目标都不妥：一是用顺数，怎么才数到3分钟呢？二是时间太长，应从1分钟开始。于是，我亲自做了示范，改用倒数60秒的方法训练静立1分钟，我对孩子们说："1分钟就是60秒，可以数60下，现在我们从60开始倒数，数到0就是1分钟了。"用倒数方法，让孩子们感觉时间越来越短，目标容易达到。教官看了认为很科学，也就效仿了。这个课例后来由陈惠卿老师整理后，送到省里参加课例评比获得了一等奖。

"红旗小军营"是大班孩子的至爱，他们与教官建立起深厚的感情。结营道别时，孩子们与教官依依不舍，有的孩子拍大合照时还哭得稀里哗啦，有的抱着教官脖子不肯放手。

　　我们开展"爱国主义主题教育月"活动，一直坚持到现在已有18年，而且越办越有内涵，越办越有趣味，其成果还汇编成图书。主题月活动的重头戏是"红旗小军营"，它让孩子们学会遵守纪律，懂得关心他人，知道自己的事情自己干，这为他们幼小顺利衔接奠定了良好的基础。更为重要的是，"红旗小军营"激发了孩子们热爱祖国、保卫和平的情怀，社会主义核心价值观从小在他们的心里生根发芽，这就是最本质的价值追求。

　　承担使命，初心不改。"红旗小军营"活动已成为顺德机幼及分园的爱国主义教育品牌课程。

万圣怡幼儿园、东逸湾英伦幼儿园"红旗小军营"结营合照

32 课室挂时钟

　　孩子们做事磨蹭，是家长和教师最头疼的事情。于是，我又出了一个小主意，在每个课室挂上时钟，利用它让孩子们直接认识时间，训练他们在规定的时间内完成任务。在此基础上，有的教师在课室的电视机上设定一个闹钟，让孩子们在现实中掌握时间长短，学会自我管理时间，养成守时的好习惯。

　　时间观念的形成，从认识时间开始，从整点到半点，从时针到分针、秒针，循序渐进。时钟要买刻度是数字的，方便孩子直观认识、容易记住，这对小班的孩子特别有帮助。在教学实践中我们还发现，在平板、电视里设定闹钟倒计时，是"特殊需要"幼儿最好的视觉教材。因一些"特殊需要"幼儿存在行为刻板倾向，不轻易改变，在这种情况下，"挂闹钟"可帮助他们集中精力，稳定情绪，否则，在转换活动环节时，有的会大发脾气。在活动开始前，教师先调好时钟倒计时，约定时针回到"零"时，孩子们必须完成任务，即使没有完成，也要进入另一个环节。

33 跳蚤小市场

在顺德幼教界，顺德机幼是第一个做跳蚤市场的幼儿园。2005年，4岁的吕昂随父母从德国来到中国广东顺德，她妈妈李昶告诉我，德国有个做法很好，避免浪费，孩子们会把自己用不上的书、玩过的玩具，消毒干净后拿回幼儿园互相交易，或平价卖给有需要的孩子。我一听，马上效仿，这就是顺德机幼"跳蚤小市场"的源起。"跳蚤小市场"类似我们本地的"圩日"（赶集日），于是我们按习俗称为"机幼圩日"。

圩日前，家长们带孩子一起整理家中已读完的图书、玩过的玩具，消毒后再带回幼儿园"交易"。家长先协助孩子申购摊位，布置卖场。商品出乎意料的丰富，儿童读物有新有旧，各类玩具琳琅满目，现场还有亲子制作的美食点心小作坊。有的孩子高喊"买一送一"，有的孩子打出"一元店大平卖"，孩子们学着讨价还价，给人真实的圩日感觉。

"跳蚤小市场"非常有趣味，孩子们乐意参与，家长们大力支持，家园协力培养孩子们的环保意识和节俭习惯。最后在"跳蚤小市场"赚来的钱，孩子自己留一点，剩下的则捐给儿童福利院，或幼儿园定点支持的希望学校。

2023年儿童节前的某日下午4时30分，容桂东逸湾英伦幼儿园

家长和孩子一起经营"跳蚤小市场"

"跳蚤小市场"办得特别火热，一位妈妈对我说，平时她最怕晒太阳，出门一定要搽防晒霜，可这次为了支持孩子参加"跳蚤小市场"，不得不接受太阳的桑拿。我笑着说，这便是亲子一起成长。这位妈妈哈哈一笑，"看来今天下午这一晒，非常值得"。

34 "西瓜娃"坠楼

保护幼儿生命安全，是幼儿园最重要的工作。我经常对同事们说，不是孩子不行，而是我们不敢，我们要化被动的保护为主动的教

育，通过环境创设、情景教育，提高孩子的自我保护能力。

前文已提过，在有安全隐患的地方画上黄线，这是借鉴海关出入境的做法。后来，我又利用这条黄线设计出"西瓜娃娃坠楼"，强化安全教育。

"西瓜娃娃坠楼"是每个新入园幼儿必上的安全第一课。小班教师用西瓜做成一个"瓜娃娃"，事先摆在楼顶天台上，然后两位教师带全班孩子上天台活动，重点认识黄色警戒线，跟着老师

"西瓜娃娃"坠楼，红色瓜瓤洒满地

齐读警示语："禁止超越黄线。"接着，教师讲安全故事，告诉孩子们超越黄线会有生命危险。故事讲完后，一位教师则带着孩子们下楼，指引到操场适当的场地。另一位教师借故离开，悄悄留在天台。当楼下的孩子们正在兴致勃勃观赏漂亮的城堡时，那只"西瓜娃娃"突然从天台上掉下来，砸个粉碎，红色瓜瓤洒满一地，引得孩子们一片惊呼。孩子们认识到超越黄线，就会像"西瓜娃娃"一样摔得粉碎。在现场，教师再次强化安全教育。

当年，顺德市文化馆馆长马曼宁的女儿依原体验了这一课。当晚，我接到马馆长的电话，他问我："陆园长，今天女儿回家说，有

件事令她很害怕，不知发生了什么事？"我便把"西瓜娃娃坠楼"的故事告诉了他，马馆长说："陆园长，亏您想得出来，这真是极好的安全教育课，这一课会让我女儿一辈子刻骨铭心。"

35 教育见成效

在顺德机幼餐厅门口，长年挂着一面报警用的大铁钟，是为每次开展各种预案应急演练时用的，不同内容的演练又有不同的信号。

师生们一听到大铁钟敲响，通过钟声信号便知道发生什么事，按照规定路线迅速疏散。每次演练，孩子们一溜烟从斜梯跑向大小操场，那阵势和速度真令我们刮目相看。而在容桂东逸湾英伦幼儿园，每月一次疏散演练，最快的只用了5分钟，便全部跑到了安全地带。

我们还把各种安全知识，如交通安全的坐车系安全带，认识斑马线、红绿灯，遇火灾、地震时如何逃生，有急事求救拨打公安报警电话等印成资料发给家长。有些自救知识连大人都未必知晓，教师们在教育孩子的同时，家长也从中受益。这样的家园互动，效果自然非常

好。有一次，家长苏颖告诉我，她女儿安安读大班时，知道张舟老师经常强化安全教育，为检验教育效果，她突然想了一招，在孩子不留意的时候，假装晕倒在地。这场景把安安吓坏了，她不停地叫着"妈咪"，但很快镇定下来，居然马上用座机拨打"110"，吓得苏颖立即爬起来解释，抱着安安亲了又亲。

36 混龄大课间

600多个孩子在同一时间开展混龄活动，应该是顺德机幼园本课程的又一个创举。

事情起因是这样的。有一天，毕业班男教师孙克难给我讲了一个小故事。他问一个自己教过的孩子："你是上小学快乐，还是在顺德机幼快乐？"克难满以为孩子会说在幼儿园快乐，没想到孩子不假思索说上小学更快乐。克难满脸疑惑，问孩子为什么。这个孩子回答得很干脆："因为小学有下课10分钟。"

我听后很惊讶，下课十分钟的自由，居然对一个六七岁的孩子如此重要！为了这个小故事，我思考后脑子豁然开朗，孩子们是需要充分放松和适应自由的。由此，我想在幼儿园安排一个固定时间，让孩子们自由自在地活动，而且不止10分钟，要足足半小时。

1998年的一次园务会议，我提出每周一次全园孩子混龄半小时的想法，谁知遭到全体同事的反对。大家纷纷表达不同意见："几百人一起活动，太刺激了。""一个班三十多个孩子同时在户外玩都提心吊胆，如果600多个孩子同时出来，怎么管呀，不出事才怪呢……"

面对不同声音，我告诉大家："开展混龄活动，我是经过深思熟虑的：第一，小学几千个学生同时下课，也相安无事，而7月毕业的大班孩子9月入读小学，仅长大两个月，这说明孩子具备一定的自我管理能力；第二，孩子越是不动，就越是容易出问题，因为他们的动作协调能力差，在户外活动中跌倒了，正好可以学习怎么爬起来；第三，更重要的是孩子要有东西玩，时间集中，玩具集中，孩子们不是玩得更尽兴吗？最后，孩子也向往自由自在，不想本班老师时时刻刻盯着他们，开展混龄活动，教师分工按区域管理，只要把自己的地盘管好就行。因此，我认为开展混龄活动是切实可行的。"

听我说完，大家沉默了一会。这时又有同事提出，学校上课、下课，有铃声指挥，幼儿园没有统一信号指挥怎么办？我说："播放歌曲。杜瀚然老师不是创作了两首歌吗？活动开始前，播放园歌《我爱机幼这个家》，表示混龄活动准备开始；半小时后，播放《顺德，我们可爱的家乡》来表示混龄活动结束，这不就解决了刚才的问题吗？"

还有同事提出，混龄活动场地集中在楼下操场，而在首层只设有前后两个洗手间，那么多孩子若同时上洗手间怎么办？另外，如果孩子自己溜上二楼、三楼又怎么办？这样安全就很成问题了。

我说，这的确是个很实际的问题。建议把二楼、三楼课室门反锁，孩子们进不去，教师分工把守一层四个楼梯口，确保孩子不能单独上楼，而一层6个课室全部开放。事先告诉孩子们，如果大小便要排队时，可直接去一楼课室洗手间，后勤人员在一楼课室巡查，督促孩子们上洗手间守秩序、讲卫生。如此这般，混龄活动便可以充分保证孩子们的安全。

我还强调，混龄活动开始前，保育员负责在各场地准备玩具，而教师则负责管理定点区域。在活动中，孩子不分班级，不分年龄，不分性别，不分区域，自己选择路线、地点、玩具、伙伴，充分自由交往玩耍。年龄大的孩子享受当哥哥姐姐的责任和乐趣，年龄小的孩子感受做弟弟妹妹所能获得的照顾和帮助。不同性别的孩子友好地商量和合作，即使在争抢玩具的过程中，他们也学会了谦让、包容和妥协。通过开展混龄活动，孩子能收获快乐。

结果与预想的一致，混龄活动开展两个月，没见一个孩子受伤，他们的综合能力反而普遍得到提高。

混龄活动是顺德机幼的一件新生事物，一开始令众多同行不可思议：带一个班孩子活动尚且要小心翼翼，600多个孩子怎么可能在同一时间活动呢？勒流中心幼儿园卢丽贞园长建议教育局组织一次向顺德园长开放的观摩活动，让大家都来看看混龄活动是怎么组织开展的。

我至今还清楚记得观摩活动当天，随着《我爱机幼这个家》园歌唱响，全园孩子快速涌向大小操场，不到5分钟，全部孩子都找到了自己喜欢的地方和玩具，他们自由自在，旁若无人，童趣、童心、童真释放无遗，现场同行无不啧啧称赞。大良育才幼儿园李叶嫦园长拉住一个男孩问："你觉得一个星期哪一天最开心？"男孩答道："今天最开心！""为什么？""因为没人管。"这孩子干脆清晰的回答，令在场观摩者哈哈大笑。

是啊，没有人管，该是多么惬意！人性向往自由，快乐发自内心。混龄活动是顺德机幼及分园对办园理念最好的诠释。这个活动至今仍在坚持，从未停过，同时也被很多幼儿园借鉴，只是他们可能不一定知道混龄活动的源起。

我惊讶，那瞬间

我从华南师范大学学前教育系毕业就来到顺德机关幼儿园实习，有个场景让我深深震撼。当"白兰香，鸟儿唱……"园内广播响起一阵欢快的歌声，全园孩子受到感召，有点不可控地纷纷从课室涌出来，奔下楼梯，奔向操场。我好奇这是什么活动？为何孩子们如此兴奋？身旁的陆园长见我满脸惊讶，微笑着向我介绍："这是我们幼儿园刚开展

不久的混龄活动，孩子们有点疯狂。刚才的歌曲是顺德机幼园歌，也是混龄活动开始的信号。"

混龄活动?是不同年龄段孩子一起活动吗?能力完全不同的孩子跑向操场玩耍，不会导致安全问题吗?活动时是否会一片混乱?我心里满是疑虑，但看看身边面带笑容，一脸慈祥地看着孩子们奔跑的陆园长，我欲言又止。果然，过了短短5分钟，我的顾虑完全消除了。孩子们在操场上井然有序，尽情玩耍，小小年纪展现出令人惊讶的秩序感。大班孩子尽显"老大哥"风范，对待小班"小老弟"是那么爱护，每个孩子脸上都洋溢着笑容。我被这一幕深深感动，情不自禁地对陆园长说："以前在广州的幼儿园实习，我从未看过这种情景。就凭这，如果园长不嫌弃，我就留下工作了。"

就这样，我和另外一位同学，都留在顺德机幼工作到现在。顺德机幼混龄活动也一直坚持到现在，而且内容更丰富、更具趣味性和挑战性。混龄活动为孩子们提供了广阔的发展空间。

华嘉

顺德机关幼儿园副园长

37 人人上舞台

1998年，顺德机幼为庆祝"六一"儿童节组织了一系列活动。5月31日星期天上午，这天是安排"六一"儿童节文艺汇演。我们通知家长，演出当天早上8时，直接送孩子到市政府礼堂大门口集中，机幼副园长王燕儿负责演出组织工作，她提前半小时赶到礼堂，这时只见一对父子早已站在礼堂门口等候。一问才知，他们已等了近一个小时。

"是记错时间，还是看错了钟点？"王燕儿询问。谁知孩子的爸爸说都不是，而是孩子第一次参加演出特别兴奋，折腾一个晚上都没睡好，天刚亮就吵着起床，催着赶快带他到礼堂集中。

王燕儿被孩子的"兴奋"深深感动，后来她在园务会议上说起这个故事，建议以后的文艺演出，一定要让每个孩子都上台表演节目。

全园几百个孩子，能人人上台表演吗？我觉得这想法不可思议，尽管出发点很好，但实施起来难以操作。假如每个孩子都上台，节目如何安排，怎么控制时间，观赏性怎么保证，等等。这建议我首先提

出质疑，其他同事也没作声，最后召开家委会听意见，大家一致表示，如果能保证观赏效果，这样做肯定举双手赞成。的确，这些都难不倒王燕儿，她反复思考斟酌，终于出台方案：一是选定不同主题，一个主题可以由一个班完成，也可以由多个班完成，例如合唱节目等；二是让能力一般的孩子担任配角，甚至可以扮演布景，在舞台上跑跑龙套也是演出；三是小班孩子可以和家长一起上台演出。大家觉得很有道理，于是决定试行。

1999年，"六一"儿童节文艺汇演的主题是"我爱机幼这个家"。我们以年级为单位排练，小班级是"我来到机幼这个家"，中班级是"我爱机幼这个家"，大班级是"我舍不得离开这个家"，充分表现孩子们在顺德机幼学习、生活和成长的快乐时光。这场演出一举成功，还首次尝试了家长和孩子同台当主持，师生、亲子同台表演等创新做法。小学同行也应邀出席，他们大赞这种编排令人大开眼界，值得效仿。

每个孩子都有机会登台表演，但如果没有一支训练有素的教师队伍，没有决策者的勇气、胆识和智慧，数百个孩子是绝对不可能和教师、家长同台完成演出节目的。一台文艺汇演能让每个孩子实现上舞台、做演员的梦想，不少父母也从这样的活动中了解到孩子的艺术潜能。

2000年，"六一"儿童节文艺汇演主题是"快乐起飞"。全园近700名小朋友和家长、教师共同参与了25个节目的演出。这些节目都是教师根据孩子们的现实生活创作编排，表演形式百花齐放，包括音乐剧、哑剧、魔术、武术、时装表演、打击乐合奏、表演唱、合唱、小组唱等12种形式。在演出中，外籍教师和孩子们一同表演《DO. RE. MI》，家长和孩子联合出演《我们多么幸福》，孩子们的乐器合奏是《我爱机幼这个家》，这些节目都令观众们耳目一新。赵国柱老师带领近20个男孩子倾情演出《机幼男子汉》，其威武、阳光魅力让全场家长和孩子们掌声不绝。最令人惊喜的节目是《小小魔术师》，孩子们舞动灵巧的小手，一会儿把纸鸭变成活生生的小鸭，一会儿把白绳变成红巾，一会儿又让空盒装满物品……

节目数量之多，形式之丰富，是前所未有的。让每一个孩子都登上舞台，王燕儿带领大家让这一心愿变成了现实。

不管是顺德机幼还是分园，每次汇演都能打动观众，王燕儿为"把唯一的童年留给每个孩子"作出了杰出贡献。我在每次晚会上都特别说明："我们重视的是孩子们当演员的体验，而不是演技。"给每一个孩子平等机会，人人参与、体验，这也是国家在教育法规中的明确要求。

38 幼儿小厨房

"食在广州，厨出凤城。" 顺德美食闻名遐迩，我们怎可能浪费这一宝贵的地方资源呢？

1996年，顺德机幼易地重建；2002年，新城区机关幼儿园新建；2008年，大良万圣怡幼儿园开办；2013年，容桂东逸湾英伦幼儿园改造。在这些园所，我们都设置了幼儿小厨房，这可是师生最乐意去的地方。

设置幼儿小厨房的想法，最初起源于我阅读一则报道触发的灵感。报道说，上海同济医科大学石淑华教授反映：每年考进该校的新生都是来自全国各地的佼佼者，可在五年的大学学习中，综合能力便慢慢拉开距离，主要表现在身体素质、实践能力和社会活动能力等方面。

我从而想到，培养孩子的社会适应能力刻不容缓，而且要从小做起。从那时候开始，我们提出"健康第一"目标，也就是强调身心同步发展，努力为孩子们创造条件，要求他们"自己的事情自己做"。为此，顺德机幼专门配备了一个40多平方米的幼儿小厨房。

幼儿小厨房里炊具、餐具一应俱全。在教师的帮助和指导下，孩子们自行洗菜、淘米、煮面条、煎鸡蛋、做汤圆、包云吞。小厨房的大桌子可以组合升降，方便孩子们在小厨房里操作，并享用自己做的美食。

幼儿小厨房的设置，更有助于纠正个别孩子平时偏食、挑食的不良习惯。教师还开展"今天我当家"的主题教育，让孩子学做小当家，选择自己感兴趣的蔬果烹饪，而且一旦选定就一定要吃完。孩子和教师一起拣、洗、切、煮，这样他们会吃得更开心，食量也有所增加，偏食的毛病慢慢得到克服。

有了幼儿小厨房，孩子们还可以认识顺德美食，学习烹饪，学会分享，认识顺德小家电，加深了对家乡顺德的热爱。

39 民族服装日

2009年春节后新学期开课，我发现一些孩子回园情绪很不稳定，有些甚至哭闹着不肯进园。我想，春节长假，孩子们在家吃得丰盛，玩得开心，串门拜年，热热闹闹，开课回园肯定不情愿啦！

我又在思考，如何帮孩子们快点收回玩心、稳定情绪？那就是必须在幼儿园延续春节的喜庆氛围。2009年，我把春节后开课第一天定为"民族服装日"。这一天，全园教职工身着民族服装，园长、行政、班主任早早站在园门口，夹道迎接同事和孩子们回来。孩子们也穿着各自喜欢的民族服装回园，大家见面互道祝福，喜气洋洋。孩子们沿着铺设的红地毯回到课室，教师则为孩子们一一派发早已准备好的祝福红包。早餐后，集中在幼儿园操场举行新学期开学典礼，一大群热心的家长参与舞狮舞龙，相互到各班串门拜年，共同庆祝新学年的开始。

有这样的活动，孩子们的情绪明显改善，变得开心多了。

后来，我们在"民族服装日"这天，还根据十二生肖组织表演，鼠年有鼠年的节目，牛年有牛年的特色，中国教师和外国教师一起参加。这样的活动举办方式不仅让孩子们拥有愉悦的心情，还把喜庆气氛传递给每一个人，这就是举办"民族服装日"的初衷。

随着活动的不断发展，"民族服装日"不断拓展内容，有的分园从最初只是开学第一天延长至一周，升级为"民族服装文化节"。

全园师生身装民族服装喜气洋洋

家长舞龙进幼儿园助兴

40 奖品新意思

每学年，顺德机幼及分园都会精心策划组织亲子运动会。

我经常强调，幼儿园举办运动会，不能每班只挑几个孩子出来跑跑跳跳和进行基本的技能比赛，而是要让每一个孩子都参加，每一个家庭最理想的是父母共同出席，一位当运动员，一位当观众，最起码安排一个成员参加。根据《幼儿园教育指导纲要（试行）》中对幼儿园的"五大领域"要求，各班对照孩子身体锻炼项目进行个体测查，对孩子的动作发展做到心中有数，然后才参加全园亲子运动会，包括开幕式、趣味竞技和体育游戏、颁发奖品等。这又是很好的家园共育活动。

举办亲子运动会，园内场地有限，容纳不下数以千计的师生和家长。为此，我们又想方设法租用公共场地。有一年，顺德机幼和新城区机幼花费2万元，租用顺德体育中心运动场，这里配套有足够多的停车位，合适的场地是亲子运动会成功举办的保障条件之一。

2005年12月17日下午，天公作美，风和日丽。顺德机幼、新城区

在顺峰山公园大草坪举办亲子运动会

机幼在顺峰山公园举办郊野亲子运动会，主题是"快乐和谐　健康幸福"，30多个游戏项目吸引了3000多人参与。运动会充分体现自然、和谐、实际等特点。

关于自然，在山清水秀的顺峰山公园里运动，令人心旷神怡，大人和小孩都带着好心情参加体育锻炼。

关于和谐，人人践行环保，自备开水、垃圾袋，收集纸袋装奖品。家委会事前熟悉顺峰山公园牌坊、致远桥、青云塔、孔圣庙等景点，在活动中与孩子分享顺德之美。

关于实际，针对大人和孩子平时走路少的问题，我们专门安排了半小时徒步运动，孩子们背着小书包，围绕公园的天然湖走一圈，这个运动老少咸宜，可谓体育游戏前的热身。在1500米长的草坪湖岸边，我们设计了30多个游戏项目，3000多名大小运动员齐齐参与。考虑到爸爸平时做生意、忙事业，照顾孩子的时间相对少一些，而爸爸陪伴孩子又特别重要。于是，我们的亲子运动会特意设计了一些只有爸爸参与才能完成任务的游戏。意想不到的是，这次设计的父子、父女共同完成的体育游戏项目，竟然让爸爸们深刻体验了一次陪伴孩子成长的幸福，从此改变了往年亲子运动会多以妈妈出席为主的现象。

新城区机关幼儿园家委会主任陈明华还组成家长宣传队，每公里设置一个服务岗位，带头敲锣打鼓唱快板，激励运动员走完全程，胜利到达目的地。

每个孩子胸前挂着比赛成绩卡，上面盖满活动项目印章，他们的欢声笑语，深深感染了游客。场面之热烈、规模之宏大，活动之有趣，每年都让孩子、家长久久不能忘怀。

为了这个特别的运动会，为了简短的15分钟开幕式，顺德机幼和新城区机关幼儿园各部门负责人6次踩点，根据地形地势，设计流程和游戏项目，提出注意事项；4次开会，明确分工，制订细则，把有关事项提前告知每位家长；多方联系，向公安局提交活动申请，请求新城区开发中心、顺峰山公园管理处支持；联系环卫队、广告公司、供电局、媒体等提供相关帮助。总之，过程十分不容易。

活动当天早上，我们两园后勤部门的同事在清晨6时前便顶着寒风，买蔬果、搬器材、装舞台、布置环境，忙得不亦乐乎。

亲子运动会的奖品是最特别、最具创意的。考虑到很多孩子有偏食、挑食现象，于是，运动会的奖品一改传统做法，不再发奖状、证书，而是选择孩子们最不喜欢吃的蔬菜或水果。当天晚上回家，家里又

是另一番热闹，家长与孩子一起商量这些战利品如何吃，做什么菜式，邀请谁来分享等，家长们摆出来的菜式，不亚于餐厅的师傅呢！

晚餐时一家人一齐品尝奖品

顺德机幼及分园孩子们的珍贵童年，就是被这样一个个精彩的活动留住了。

41 师生看电影

早在20多年前，我就倡导师生观看电影。每个月给每位同事派发一张电影票，每学期也让各班级孩子去电影院看一场电影。

我一直喜欢看电影，年轻时只要有时间也带子女去看。我认为，电影蕴含着丰富的教育内容，有利于营造幼儿园文化，所以我们几所幼儿园，每月都会给全体教职工派发电影票，至于他们什么时候去看，看什么影片，则由他们自己做主。

此后，很多同事都习惯性等幼儿园发电影票。在此影响下，很多同事一家人结伴去电影院，看电影便成了他们觉得很有意思的亲子活动。

给教师发电影票的做法，一直坚持到新冠疫情发生后才停止，这种娱乐方式备受同事们的欢迎。

我们不仅鼓励教师们看电影，还建议各幼儿园、各班级教师带孩子们去电影院看电影。当年这个想法刚提出来时，顺德机幼小班级长谈凤苑老师认为没有必要。她认为，一方面幼儿园有多媒体课室，一样是大屏幕，音响效果也不错；另一方面，孩子年龄小，观影过程中如厕很不方便。

我说，在幼儿园看电影，与在电影院看电影是不可比拟的。电影院的环境、大屏幕的画面、音响的效果都比幼儿园的大屏幕不知好多少倍，孩子们置身电影院，精神格外专注，可能上厕所都忘记了，不信，您可以试一试。

发给教职工的电影票

听了我的建议，谈老师真的组织小班级孩子到凤城影剧院看了一场电影，她回来后告诉我："陆园长，您讲得对，一个多小时，去洗手间的孩子果然只有几个。"

我一直认为，很多时候，我们都低估了孩子的自控能力。

42 轮流走亲戚

带孩子们走亲戚，这又是我们一个非常特别的课程。

"二孩政策"放开之前，幼儿园的孩子绝大部分是独生子女，家里没有兄弟姐妹陪伴，即使走亲戚访朋友见到的玩伴也很少。普遍的情况是大人约出来，一起去饭店里吃个饭，或者到某公园、景点玩一玩，孩子们既不是客人，也不是主人，这好像都算不上真正意义上的"走亲戚"。

顺德机幼的孩子却有机会"走亲戚"。2000年以后，顺德新城区机关幼儿园、大良万圣怡幼儿园、容桂东逸湾英伦幼儿园、均安鹤峰大地幼儿园等先后开办，几个幼儿园组成联园，联园之间互为"亲戚"。

于是联园协调，各间幼儿园轮流做东，互相邀请孩子们到自己的幼儿园做客。邀请方和受邀的孩子们都认真做好主人和客人的准备，他们用心搞好个人卫生，准备好礼物和节目，还自制名片用于交换，大家开开心心"会亲戚"、交朋友。在这个过程中，无论社交能力还是自理能力，都得到很好的发展。

学会做客人，文明当主人。虽然没有现成的教材、教案，但生活本身就是最好的教科书。

43 过好纪念日

生活不可以缺少仪式，而每一个纪念日都可以制造出仪式感，从而赋予教育意义。

在顺德机幼，向来十分重视给孩子们过好中国的传统节日。四月清明节，我们营造祭祖、思亲、感恩的氛围，顺德机幼团支部还组织大班师生去烈士陵园扫墓；八月中秋节，教师和孩子们一起做月饼，猜灯谜，孩子们还把月饼带回家，与家人享受团圆的喜悦；九月重阳节前，各园师生都带一份礼物回幼儿园，选好日子带领孩子们去敬老院献爱心、演节目，培养孩子们的敬老尊长之心。我们还有二十四节气歌，向孩子们从小普及传统历法。

凡国际流行的节日，我们也会引导孩子们亲手制作礼物，献给自己的爸爸、妈妈，如"三八"妇女节、母亲节和父亲节等。

更多的节日富有爱国主义教育意义，如"七一"中国共产党建党日、"十一"中华人民共和国国庆节等，我们都会举行相应的庆祝活动。2014年9月30日，是第一个"中国烈士纪念日"，12月13日，是第一个"南京大屠杀死难者国家公祭日"，从这一年开始，每个烈士纪念日、公祭日，我都要求每所幼儿园，郑重其事地组织孩子们观看国家举行的纪念仪式，然后举行相关教育活动。

还有一些特殊的纪念日，我们更加用心策划，认真组织，年年开展。2007年12月，联合国大会通过决议，从2008年起将每年的4月2日定为"世界自闭症关注日"。而顺德机幼早在2000年，便开始接纳"特殊需要"幼儿，也就是从2008年起，顺德机幼及分园年年举办"世界自闭症关注日"活动，还组织队伍外出宣传，让社会各界共同关注自闭症孩子，给予他们及其家庭更多的包容、接纳和关爱。

每年要举行哪些纪念日活动，我们早已编成表，届时按照计划落实执行。我们还把每年开展的活动进行归纳、整理和总结，为下一年活动积累经验。

44 幼小早衔接

入读小学，是孩子成长路上又一个新的重要起点。小学与幼儿园相比，在校园环境、规则纪律、学习内容等方面都差别很大，变化很大，因而爬升坡度也较大。

2012年，教育部将每年5月20日至6月20日定为"全国学前教育宣传月"，要求学校、幼儿园面向社会普及科学育儿知识，科学开展小学入学适应教育、幼儿园入学准备教育，推进幼小衔接实践探索。幼小衔接最重要的，不是提前学小学的课本知识，而是让孩子对小学充满向往和期待，为孩子做好上学前的身心各方面准备。

早在1998年，顺德机幼便开始探索科学"幼小衔接"。我一直认为，幼小衔接必须从幼儿入园那天开始，到大班后只是进一步强化，包括身心准备、生活准备、社会准备、学习准备等四个方面。

身心准备：加强运动，参观小学，调整作息时间，加强学前阅读和学前书写。比如红旗小军营、亲子运动会结束后，让孩子们"写"

日记，画出每天训练内容，获得哪些奖品，与谁分享等，孩子们把画出来的故事，向家人讲述；开展穿珠子比赛，手工制作项链、手镯，锻炼手眼协调能力；通过剪纸、拼图、黏土等制作，增强手部精细动作；组织跑步、踢球、游泳、踩单车，强健身体机能。到了大班下学期，幼儿园微调孩子们的作息时间，每天安排一节集体上课，时间从30分钟延长到35分钟，午睡时间则缩减20分钟。这样，慢慢向小学作息时间过渡。

生活准备：加强自理能力。入读小学前，我们会通过比赛来培养孩子们收拾的习惯，例如整理床铺、上床睡觉前穿睡衣、收拾文具、更换衣服、轮流值日、种花浇水等，家长把孩子的劳动照片发到班级微信群，互相晒一晒，比一比，督促孩子们学会照顾自己，养成热爱劳动的习惯。

社会准备：加强合作。孩子们通过游戏，学会沟通；发生矛盾时，教他们用"石头、剪刀、布"来解决；遇到"特殊需要"幼儿攻击，赶紧抱住对方，说一句"我们都爱你"；教师、家长也同步做"社交游戏"，帮助孩子学会包容；通过混龄混班学习，让小伙伴提高社交能力。

还有一个特别的课程，那就是"星光露营夜"。为了培养孩子们的自主、自理能力，体验与家人暂时分离的情绪，我提议大班开展露营活动，即离开父母一个晚上，孩子们集体在幼儿园或某个安全的营地里住一晚。第一个响应的是顺德机幼的年级长罗全，然后是姚恒璇，最后不断辐射，各个大班、各个分园都纷纷策划组织"星光露营夜"活动。

露营时间一般安排在5月或6月的某个周末。露营前，教师与孩子们一起研究方案。露营当晚，热心家长主动到幼儿园协助搭帐篷，孩子们拉着小皮箱，带上生活用品，兴致勃勃回到幼儿园。然后举行开营仪式：点燃篝火，载歌载舞，并开心齐呼："今晚不回家，解放爸和妈。"直把现场家长乐翻了。这个晚上，孩子们离开父母，在幼儿园体验自我管理，很多事情如洗漱、吃饭等全部自己做。园长、教师则整夜未眠，轮岗照看孩子，让孩子们度过一个安全、开心、难忘的晚上。虽然事前做足准备工作，但仍有个别孩子紧张，甚至闹小情绪，园长、教师使出浑身解数安抚，直至孩子们都平静入睡。

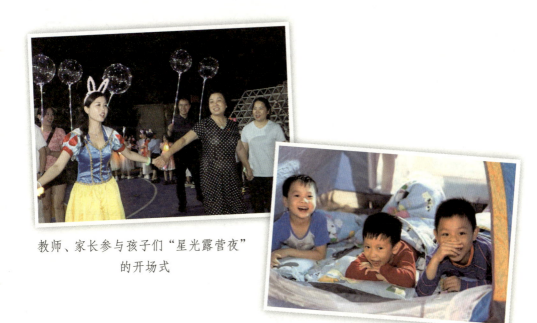

教师、家长参与孩子们"星光露营夜"
的开场式

比在家里睡还开心

学习准备：强化习惯。在顺德机幼，学习准备不是写字，不是珠心算，也不是学拼音、背单词，而是学会养成专注聆听的习惯；学会看图说话；学会正确的坐姿和握笔方法；学会解决一些小困难。我们通过传话游戏，训练孩子们专注聆听的习惯：活动要求他们安静，不聊天，认真听懂每一句话，并把这句话完整地传下去；看图说话游戏，让小朋友学习观察，从图片中找到时间、地点和人物，简单理清逻辑关系，并能向别的小伙伴复述，学会对话互动。

《义务教育阶段语文课程标准》第一学段提出书写目标，要求姿势正确，掌握汉字基本笔画和常用偏旁部首，能按笔顺规则用硬笔写字，注意间隔结构。而《3-6岁儿童学习与发展指南》则对学前阶段提出的书写要求，只是能正确书写自己的名字，写、画时坐姿正确。

学前阶段"画"多于"写"。早在2000年，我们就在大班放寒假前，安排幼儿园书法最漂亮的杨燕、邓雪玲等教师为孩子示范如何写好自己的姓名，让孩子们在寒假期间把姓名从第一笔写到最后一笔，目的是让他们入读小学后，自己会写书本和作业本的名字，不需要父母代劳。另外，我还特别强调让孩子们写好数字。所以，在顺德机幼及分园大班，我们只要求孩子会写两种字：名字和数字。

同时顺德机幼与邻近的西山小学、本原小学、大良实验小学、嘉信西山小学（现名德胜小学）、养正西小学（现名养正学校）合作，其他分园也分别与邻近的小学合作，定期开展幼小衔接研究。我们邀请小学校长或主任、一年级教师来幼儿园参观、交流、讲课，也带孩子们到小学参观听课，看哥哥姐姐升国旗、做早操，与哥哥姐姐交朋友，递送自己制作的名片。有时候，我们的外籍教师也会带着孩子们到小学上课。如此这般，"幼小"便实实在在地衔接起来了。

45 开设机幼班

孩子毕业入读小学后，我们都会跟踪调查，通过小学和家长的反馈，了解毕业生的学习后劲，以便我们及时调整、完善教育策略。

上面提到的那些小学，是顺德机幼最多毕业生报读的学校，我们向这些小学发出调查问卷，几所小学的反馈很一致：在顺德机幼及其分园毕业的孩子，自信、大方、阳光、友好，适应能力强、思维活跃、学习后劲足。评价特别具体的是嘉信西山小学，该校全面反馈顺德机幼及分园毕业的孩子一到六年级的基本情况，孩子们的发展态势令我们非常欣慰，从而为自己一直坚持正确的办园方向而倍添自信。

由此我又想到一个新招，建议上述各小学办一个"机幼班"。

我逐一找各校长表达了我的想法:如果把在顺德机幼及分园毕业的孩子集中到一个班,一是方便跟踪,听课不用走动太多班;二是数据分析也一目了然,更有说服力。校长们表示可以研究,然而只有养正西山小学和嘉信西山小学安排了三分之二的"机幼"孩子组成一个班。情况果然在意料之中,绝大部分孩子的学习成绩名列前茅,当时嘉信西山小学"机幼班"孩子的学习成绩从一年级到六年级都是年级里第一名。到次年,嘉信西山小学干脆组成纯粹的"机幼班",安排龚主任担任副班主任兼教数学。情况更令人惊奇,我曾多次听到龚主任对孩子的啧啧称赞!有些小学校长把我的想法与一年级教师交流时,一年级教师基本上不同意,理由很实在,顺德机幼的孩子虽然平时爱折腾,但一旦上公开课,表现大大方方,喜欢表达,所以顺德机幼的孩子最好在每个班都安排几个。大良实验小学负责招生的颜老师还向我反映,顺德机幼毕业的孩子与众不同,她面试孩子时出了一道数学题,题目是:兔爸爸和兔妈妈带着3只小兔子去看电影,算算要买几张票?很多孩子都回答说买5张,只有在顺德机幼和新城区机关幼儿园毕业的两个孩子回答不一样,一个说买2张就够了,因为小兔子跟着爸爸妈妈进去不用买票。另一个孩子回答更绝,他说都不用买票:"小兔子哪有1.2米高?"我当时听后捧腹大笑。

顺德机幼办教育,一不越线,二不抢跑,严格遵循和尊重孩子的成长规律,坚持把唯一的童年留给每个孩子。

46 巡回毕业礼

幼儿园毕业，是孩子学习生涯中的第一件大事。我和同事们竭尽所能，为每届毕业生举办隆重的毕业典礼。

我们从"让儿童在关系中学习"这一理念出发，设计和举办毕业典礼。典礼当天，舞台大幕徐徐开启，数百个孩子齐刷刷戴着博士帽，神采奕奕地站在偌大的舞台上，观众席随即响起"哇哇"惊呼声，这样壮观的场面令人震撼。主持人念出一个个孩子的姓名，这时大屏幕同步出示孩子的名字，他们又一个个从领导、嘉宾和园长手里接过象征性的"毕业证书"，这是对孩子们的何等尊重！它将成为孩子们一生中最早且永远不能抹去的美好记忆。

毕业典礼不仅形式隆重，而且不忘发挥示范作用，融入爱家乡教育。从1996年开始，顺德机幼坚持把毕业典礼搬到城乡各地举行。

每年选择不同的场地，除了给孩子、家长、教师带来仪式感、新鲜感以外，还有其他多方面作用：一是开展爱家乡教育，顺德机幼每

每个孩子都有一个属于自己的毕业典礼

年选择一个镇街，或进名优企业，或访美丽乡村，带领师生、家长走进社区，体验家乡风土人情，观赏田园风光，品尝家乡美食，传承民俗文化，见证改革开放成果；二是邀请当地幼儿园教师出席典礼，毫无保留地提供学习机会；三是通过移动巡回举办这一重要活动，提升顺德机幼教师队伍策划组织协调能力。总之，在孩子们即将离开幼儿园前，在园外举行毕业典礼，意义非同一般。

28年前，我们首次下乡到被民间俗称为"顺德西伯利亚"的均安

镇，那年举办毕业典礼的情景至今仍历历在目。均安镇距县城近40公里，那时均安刚建好生态乐园（现名李小龙乐园），但还未正式对外开放。我找到均安镇党委欧阳副书记，当他知道我把毕业典礼首选在均安举办时，当即表示给予大力支持，所有我们需要去的地方全部开放。当天，顺德机幼租用6辆大巴，连同家长自驾的几十辆小车，浩浩荡荡开往均安。欧阳副书记安排交警在每个必过的交通路口执勤，优先让我们的车队无障碍通行，令全体师生、家长无比激动，一些家长还说很有自

豪感。几百名师生和家长首先参观了非常生态自然的沙浦村、备受社会称道的企业爱得乐员工村，下午则在均安剧院举办毕业典礼，晚上在均安生态乐园烧烤场烧烤，所有食材都是后勤人员从批发市场购买，直接运到生态乐园。

均安之后，顺德机幼毕业典礼还依次在杏坛、伦教、陈村、北滘、容桂、大良、勒流等各镇举办，场场隆重，次次震撼，年年难忘。十个镇走完后，我们走进了顺德区政府礼堂，也走进了顺德职业技术学院，走进了顺德大剧院，师生、家长、同行都大开眼界，每年盛况都被津津乐道。

2005年，毕业典礼在顺德大剧院盛大举行，其中一个场景记忆犹新。随着三声清脆悦耳的钟声响起，幕后传来话外音："顺德机关幼儿园（联园）2005届毕业典礼现在开始！"伴着欢快的《美丽的田野》乐曲，大幕徐徐开启，300多名戴着博士帽的毕业生气定神闲地站在舞台上，几位向孩子们寄语的园长也分列其中，全场顿时响起雷鸣般的掌声。

有一年，江门第一幼儿园、南海几所幼儿园同行来顺德机幼观赏毕业典礼。观完感动之余，她们纷纷前来借阅典礼方案，我们和盘托出，没半点保留。江门第一幼儿园园长李爱东情愿把原定毕业典礼时间推迟，也要租用剧场举办毕业典礼。她还邀请我出席了这场活动，我也见证了典礼的圆满举办。

47 放飞和平鸽

2001年，顺德机幼有两件重要事情值得铭记：一是改制，从公办转为民办；二是建园50周年，首次举办园庆。

50周年庆典活动暨2001届毕业典礼同时举行，时间定在7月7日，这天也是高考第一天。如何办好这个双重意义的盛典？我从没策划组织过如此大型的活动，没经验可借鉴，更加没有资金支持。难啊！我寝食不安。已退休的老同事心疼我，劝我不要搞，在职的同事知道没有钱，也不同意做。可我一咬牙，心想不但要办典礼，而且要办出新意。脑子慢慢有了思路：一是趁顺德机幼历任园长还健在，要让她们接受孩子们的感恩和祝福，我把她们分别从广州、珠海和顺德本地请回来，向她们报告盛典计划；二是改制"断奶"，必须让大家树立信心、看到希望。于是我大胆向时任市长冯润胜申请15万元政府拨款，另外又动用各方人脉关系筹款；三是要搞出一点创意，我想到了放飞和平鸽，寓意顺德机幼蒸蒸日上，师生展翅高飞。

去哪里找信鸽呢?我首先想到谢建平老师,可一打听,因为飞出去的信鸽很多飞不回来,她家早已不养了。我又找到在顺德市外事局工作的亲戚梁秉桥,他人脉广,门路多,他听了我的想法,欣然答应帮助我。没过几天,梁秉桥向我推荐在广州市政府退休的干部罗柏荣老师,罗老师果然帮我找到广东省信鸽协会,负责人答应出租300只信鸽给我们,每只信鸽租金10元,这让我心头的大石终于落下来。

盛典当天,放飞和平鸽引人注目。300只信鸽冲天而上,场景非常壮观,顺德市四套班子领导、已退休的佛山市副市长欧阳洪等老领导受邀出席盛典。这种特别的表现形式,赢得了大家的惊叹和赞赏!

放飞和平鸽,让顺德机幼50周年园庆和2001年大班毕业典礼影响深远。

第五篇

特别的爱

举办一场毕业典礼很不容易，但为了每个孩子都有一场自己的毕业典礼更不容易，我们不惜成本，可以为一两个孩子重办毕业典礼。孩子天生贫血，我们从检测血色素中发现问题，苦口婆心劝家长带孩子做专项检查。特别是针对一些行为怪异的孩子，我们爱生如子，用心观察、跟进、记录，同时做好"特殊需要"幼儿家长、普通孩子家长、幼儿园老师的思想工作，无条件接纳"特殊需要"幼儿，为他们创造了一个平等、和谐的成长环境，点点滴滴无不凝聚着我们特别的爱。

48 两人毕业礼

2003年，一场突如其来的"非典"，让很多人猝不及防。顺德机幼有多个孩子"中招"，其中两个病情特别紧急，生命垂危，从顺德区第一人民医院转送到佛山市第一人民医院抢救。我获悉这个消息，心急如焚，立即通过顺德区委副书记，也是常务副区长的李亚娟联系佛山市第一人民医院的王院长，王院长马上组织专家抢救治疗，后来两个孩子终于转危为安，病愈出院。然而，他们已错过顺德机幼盛大的毕业典礼。

为了不让两个孩子留下遗憾，我们决定补办一个同样规格的毕业典礼，分别邀请两个孩子各自班上的全体师生、家长出席。场地安排在顺德机幼三楼多媒体室，按照同样的流程和做法，园长郑重其事地给两个孩子颁发毕业证书。仪式结束，全园教师和两班家长、孩子一起在幼儿园共进自助餐，孩子们非常开心，家长们更加感动，现场其乐融融。

几年后,顺德机幼迎来60周年园庆,我又打电话给当时已任佛山市教育局局长的李亚娟,请她为顺德机幼园庆题词。

李局长对我说:"陆月崧,我从不题词的,请理解啊!"我一直称李亚娟为李区,便接着说:"李区,我是非常理解的。有一件往事,我借此机会专门感谢您和王院长呢!"电话里我把事情始末回顾了一次,谁知李局长听完后爽快地说:"陆月崧,这才叫真正的教育公平。就为这件事,我也要为顺德机幼题个词。"

一周后,李局长告诉我,将托舒悦博士把题词带给我,但我坚持与梁乐敏一起到佛山取稿并面谢。

为两个因病缺席的孩子补办一场毕业典礼,正是我们落实"把唯一的童年留给每个孩子"的办园理念,用实际行动尊重每个孩子的真实写照。

为两个孩子举办毕业典礼

49 唯一毕业生

2008年3月，容桂东逸湾英伦幼儿园开办了。这个时间段极不容易招生，适龄孩子已入读其他幼儿园，尤其是大班的孩子。毕竟新学期只剩下3个半月啊，有哪位家长愿意半途把读大班的孩子转园？

然而事情就是这么富有戏剧性。容桂东逸湾英伦幼儿园一开班，竟然招到一个大班孩子，而且是唯一的一个大班孩子。按照常理，当家长发现大班只有一个孩子时，他们应该会转回原来的幼儿园。至于园方，当发现大班只招到一个孩子时，也可以劝家长取消这个安排。但我们家园双方都没有这样做。

我忍不住约见孩子臻臻的爸爸梁先生。我说，换作我是家长也不敢冒这个风险，毕竟只剩几个月就毕业，为什么敢把孩子转到容桂东逸湾英伦幼儿园呢？梁先生说："没问题的。"原来梁先生早已了解过，容桂东逸湾英伦幼儿园是顺德机幼管理的一个分园，他相信顺德机幼，当然也就相信容桂东逸湾英伦幼儿园了，他想看看幼儿园是怎么培养孩子的。"那我明白了，感谢梁先生一家人的信任，我一定会和教师们一起想办法帮助臻臻进步的，请您放心。"就这样，我把臻臻安排在混龄班，大、中、小班孩子同食、同住、同玩。我召集园长、班主任开会，明确这个混龄班的管理要求：集体、小组、个体教育要突出，既要为大班的臻臻开小灶，又要发挥臻臻"小班长"的作用，进一步促进臻臻的全面进步。一个多月后，梁先生非常兴奋地告诉我："陆园长，我没有选错英伦，身边的朋友都夸我女儿变得大方、懂事，越来越有礼貌了。"

然而问题来了。7月中旬，幼儿园举办毕业典礼，原计划由教师们陪伴臻臻表演一个节目。谁知毕业典礼前一天彩排，臻臻无论如何不肯表演，家长在现场看了都非常着急，我更着急，走到后台给她发"奖金"，并承诺完成表演后再发奖品。无奈臻臻入读容桂东逸湾英伦幼儿园的时间太短，也没见过大场面。好说歹说，臻臻还是不肯上场，大家无计可施。司仪庄苗着急问："明天就要演出，怎么办？"我脱口而出："找替身表演。""找替身？"在场的人都不约而同问我。我说："是的，下午去万圣怡幼儿园找一个大班女孩代替臻臻表演节目。"庄苗说："不是她本人行吗？""行的，演员，可以演自己，也可以演别人。这叫源于生活，高于生活。"我接着又说："只要臻臻能配合顺利接受毕业证书的颁发，参加毕业典礼就行了。"庄苗笑得前俯后仰："哎呀，陆园长，找替身，真亏您想得出来。"

只要孩子有足够多的锻炼机会，他们是肯定乐意上台表演的。

2024年4月，容桂东逸湾英伦幼儿园首届唯一毕
业生臻臻回访幼儿园，如今她已是高二学生

不出所料，万圣怡幼儿园安排的这个女孩子在毕业典礼上表演相当出色。园长给容桂东逸湾英伦幼儿园首届又是唯一的毕业生臻臻颁发毕业证书时，全场响起热烈的掌声，家长倍受感动。

年年为孩子举办隆重的毕业典礼，我想，对于孩子也许是终生难忘的，对于家长也是震撼的。每年出席典礼的很多家长都会流下眼泪，有位爸爸对儿子说："儿子，你太幸福了，爸爸大学毕业都没有这种场面。"顺德机幼家委会副主任曾健坤连续三年出席别人孩子和自己儿子的毕业典礼，他说："第一次看很震撼，第二次看也很震撼，第三次看仍然很震撼。"

50 重视血色素

1993年，顺德机幼在给孩子们做常规体检时发现，绝大部分孩子血色素达标，但有十多个孩子血色素低于正常值。

"不行！这样肯定不行！"对此，我心里很着急，多次与校医、园长们研究解决办法。首先我们对菜谱膳食、幼儿进食状态、运动量和户外日照时间等进行综合调查，然后采取一系列措施改善孩子饮食营养，侧重提供含铁丰富的食物。

我建议在早餐提供优质蛋白，每个孩子每天吃两个鹌鹑蛋。后勤部门立即落实，就在那个学期，一筐筐鹌鹑蛋每天送到顺德机幼厨房。要知道，那个时候能吃上鹌鹑蛋还是很奢侈的。

一个学期后全园体检，血色素正常临界的孩子都有不同程度的提高，但仍有几个孩子血色素较低。如此情况持续了两个学期，想了很多办法均没效。校医梁医生猜测这些孩子可能患有遗传性贫血，于是，她想了各种办法，苦口婆心地恳请家长带孩子到医院做进一步检

查。结果发现，这些孩子真的患有地中海贫血或其他遗传性贫血。这种事情还发生在2018年顺德机幼开办的分园，那是地属均安的鹤峰大地幼儿园。有一年，在700多个幼儿中患有贫血的孩子有20多个，校医凭着多年的经验，估计他们都是患上遗传性贫血。经过与家长艰难又细致地沟通后，绝大部分家长带孩子检查了，只有一位蛮不讲理的爸爸不但不听，还把校医骂了。我知道后，不但关心他女儿的生活、学习，还说请他喝茶，商量孩子的教育问题，最后他听从了劝告带孩子去医院做了检查，结果也是不出所料。

血色素偏低，当时还没有引起教育、卫生等行政部门的注意，也没有家长过问。然而，我们的校医梁医生凭借自身的专业敏感、敢于担当的精神，执着地跟踪、研究，终于使这些孩子有了可喜的变化。

51 忌口与服药

安全管理，是幼儿园工作的头等大事。幼儿的人身安全、饮食安全、运动安全等，没一件事情可以小看。对于"忌口"与"服药"，也是幼儿园不能忽视的大问题。

20年前的一天，顺德机幼发生了一件相当可怕的事情：一个从加拿大回来的小班男孩，刚吃完午餐，整个身体严重过敏，脸部立即变形，呼吸突然变得困难起来。"快，赶快拨打120，马上送医院抢救！"校医紧急吩咐，几位同事一呼百应，配合随即赶到的救护车，以最快速度送往人民医院。

男孩突发急病，大家都感到莫名其妙。接诊医生询问教师，男孩中午吃了什么，教师一一回答。当听说吃过花生后，医生恍然大悟："这是花生过敏，俗称'花生病'，气管一旦肿大堵塞将危及生命，现在孩子快无法呼吸了，好在及时送医院。"我们听了吓得不轻，孩子父母也连连说："幸亏及时，幸亏及时！"

这次意外遭遇，让我们增长了知识，多了一份

幼儿姓名	备注
高语晨 Dorothy	食物 Food: 提子、葡萄、葡萄干、开心果、松子仁、火龙果 Grapes、Raisin、Pine nuts Pistachio nuts、Dragon Fruit 食物组合 Food combination: 1.猪肝+猕猴桃+酸奶 2.猪肝+虾+酸奶 1.Pork Liver+Kiwi Fruit+Yogurt 2.Pork Liver+Shrimp+Yogurt
冯淦新 Scott	鸡蛋 Egg
何卓禧 Charlie	鸡蛋 Egg
李烨廷 Leon	猕猴桃 Kiwi Fruit
冯思阳 Yang	暂时不吃鸡蛋、牛肉 Egg、Beef
苏柏瑶 Zoe	芒果、益力多 Mango、Yakult

"我不能吃"忌口清单

警醒。于是，我们几所幼儿园都在各班分餐桌边张贴说明书，上面用中英文写清楚本班孩子的"忌口清单"，提醒中外教师每天三餐一一对照，做到万无一失。

幼儿服药管理，如同忌口一样，也是相当讲究的。为做到绝对安全，我们几个幼儿园同样对服药要求做了严格的规定。

容桂东逸湾英伦幼儿园幼儿服药操作流程

一、喂药前，先备一壶温开水和一只塑料篮。

二、若一个班同时有多个幼儿服药，必须喂完一个再喂下一个。

三、患儿端水到教师面前，负责喂药者要做好"五对照"：

1.对照药袋上的班别。

2.对照幼儿姓名问："你叫什么名字？今天要吃药吗？"严防同姓同名造成出错。

3.对照患儿与药袋上名字是否一致。

4.对照服药时间。

5.对照服药剂量是否清楚无误。

四、喂药者与患儿保持正面相对，避免患儿被其他幼儿错位补上导致出错。

五、给幼儿杯内倒温开水，根据药品性质给幼儿喂药。药品需磨碎的要事先磨好，中、大班幼儿尽量教其一小粒口服；泡腾片、冲剂不能直接口服，必须先放水中溶解再口服；胶囊直接口服，切勿打开胶囊壳。

六、患儿服药后，要确定患儿把药完全吞服方可离开，以防患儿转身把药吐掉。

七、患儿服药后，喂药者在"儿童带药服药登记表"上做好登记签名。

八、服完药物后，药袋保留一周后才可丢弃，以便患儿出现服药反应或其他情况时查对。

九、患儿离园时，若有剩余药物，将其返还家长，家长做好登记。喂药者向家长反馈患儿服药后的情况，如体温、精神状态、进餐、睡眠、大小便等，方便家长了解患儿病情，供后续治疗参考。

52 节前一封信

　　每年5月下旬开始，幼儿园便开始组织一年一度的庆"六一"儿童节系列活动。我们提前把各种各样有趣的"六一"儿童节礼物样板摆放在幼儿园大堂，让每个孩子自行挑选，然后按需采购。"六一"儿童节当天，孩子就可以把自己挑选的礼物带回家。

　　2022年5月，又一轮新病毒传播开来，很多孩子因病请假，可是"六一"儿童节特定活动不能改动，各班又有几个孩子不能参加。我与各园园长沟通，为这些不能回园参加活动的孩子送上温暖，最后一致决定采取以下方法：

　　一、各班教师"六一"儿童节前打电话问候孩子，了解情况，确认"六一"儿童节当天能否回园。

　　二、如不能回园的，由园长亲手写一封《致我亲爱的孩子》的慰问信，专署每个孩子的姓名，装进专门设计的信封里，送达家长和孩子。

园长们逐班给孩子派送"六一"礼物

三、"六一"儿童节当天，各班4位教师（连外教）带上慰问信和"六一"儿童节礼物，登门看望不能回园的孩子。

四、等孩子节后回园，各园专门为这些孩子安排一次丰盛的自助餐。

五、教师家访后向园长进行书面汇报。

教师们纷纷反映，每位被访的家长都赞叹幼儿园的爱心行动居然考虑得比家长还细致。当教师们带上园长的问候和牵挂，带去慰问信，带上孩子们自选的礼物，逐家落实，想想都知道孩子们有多兴奋。家长们说想不到园长们能为这些生病的孩子做出这么郑重而暖心的安排。

2023学年上学期开学不久，万圣怡幼儿园举行第15届家委会换届会议。家委代珊专门把这封信展示出来，称赞万圣怡幼儿园的教育

管理特别有温度，令人感动，庆幸自己选对幼儿园，她说："万圣怡幼儿园的园长、教师凡事不省事，但家长很省心！"

附

致我亲爱的孩子

亲爱的Luna，我们的好孩子：

忙完了一天的园长们，现在才有时间向你送上迟到的祝福："六一"儿童节快乐！

哈哈，尽管迟了一点点，但未超过晚上12点，今天还是6月1日呢！

你今天有特别的原因，没能回万圣怡参加活动、吃节日大餐，但没有关系，等你下周回来，我们专门组织今天没回来的孩子，在小礼堂吃一顿丰盛的自助餐，还特意多租用几天大型充气城堡，等你回来玩个痛快！

亲爱的孩子，童年是珍贵又不能替代的，它的独特性使园长们不能有丝毫的疏忽，我们会努力做好每件事情，让你美好的童年不会留下遗憾！

祝你健康、快乐！

爱你的园长：陆月崧、梁平谦、邹妩

2022年6月1日

53 回应小妍妍

　　随时随地关注每一个孩子，是我的工作习惯。2024年4月30日上午，我在容桂东逸湾英伦幼儿园上班。巡班完毕如厕，敲了敲门，没人应答，推门一看，里面的小马桶上坐着一个小女孩。这可是11年前容桂东逸湾英伦幼儿园开办时我的一个设计小心思：在男女公共洗手间里，安装大人、小孩的坐厕各一个，既方便外教，也方便爸爸或妈妈如厕时碰巧又遇到要如厕的子女。

　　"哎，你是小便还是大便？"我问。

　　"我是小二班的，在排大便。"小女孩回答。

　　"你排好了吗？"

　　"排好了，没人回应我。"

　　"天啊！你太会说了！"我笑了起来。

　　"来，我回应你。要帮你什么吗？"

　　"我不会擦屁股。"

"那我帮你擦吧。你知道我是谁吗？"

"徐园长？"

"我是陆园长。我帮你擦干净屁股了，该怎么说？"

"谢谢！"

"好孩子，不用谢。"

我帮她拉好裤子对她说："你去洗手吧。"

"我还没冲厕所呢。"

看来这个孩子习惯不错。

"不用你冲了，我帮你吧。"

因为这时，我一瞄厕所里的大便稀稀拉拉的不太正常。于是，我等她洗完手又拉她看了大便，并告诉她："正常的大便像香蕉一条一条的，这种大便不好，要多喝开水，不要吃得太多太饱。"

有感于"没人回应我"，我把这个小故事简单整理一下和照片一起发到了"英伦微信大家庭"工作群，班主任龚佳老师回复我，刚才上厕所的小女孩叫妍妍，回课室后她就告诉老师，说陆园长帮她擦了屁股，"我们看了照片，也注意到孩子的便便颜色不够正常，有点拉稀，于是马上和家长沟通。"

文字和图片由龚佳老师转给妍妍的妈妈，孩子妈妈在群里说："这照片让我想起另一个画面，就是一年前妍妍入读英伦早教中心第一天，哭着不肯离开妈妈，恰巧陆园长看见了，于是抱着安慰她，从第二天开始，妍妍就适应了早教中心的学习生活。原来，妍妍早就和陆园长有这层缘分。"

龚佳老师又把她和妍妍妈妈的交流对话转发给我,里面有妍妍妈妈提供的一年前的照片。

我们幼儿园是一个充满爱的大家庭,园长、教师、职工、家长,我们每个人都时时、事事、处处关爱着每一个需要帮助的孩子。

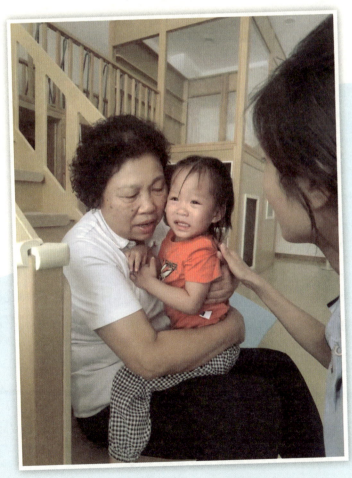

安慰第一天上早教的妍妍

54 疫情情不减

2020年至2022年，3年疫情，全国人民备受折腾，我们幼儿园的教师、家长也苦不堪言。如此日子，从未遇到过。

头等大事是必须按照政府的防控标准，一丝不苟地落实各种措施。当然，我们还增加了自选动作。比如在课室准备盐水，让孩子们回课室后先用盐水漱口，又在教工餐厅备有食盐和芝麻油、棉签，让大家进餐前用盐水漱口和用香油捺鼻腔，做足个人预防。

可无论怎样严密防控，对于一间牵涉几百个家庭的幼儿园来说，还是相当复杂的，天天有新情况发生，防不胜防。毕竟大环境太恶劣了，连续停课3个月，各种不确定的消息不断冲击我们：这个幼儿园停办，那个幼儿园关闭……从网上消息看，单是深圳市倒闭的民办幼儿园就达100多所。我们也正在经受这样的严峻考验。作为民办幼儿园，停课意味着停口，我作为总园长，心急如焚。

我组织班子成员反复研究，决定也像小学那样，组织教师回园工作、教研，在线开展教学活动，组织孩子游戏。中外教师众志成城，认真准备，为剪辑5分钟的游戏视频，教师们可是用了整整一天时间，很耗时费神。还要每天了解家长意见，加强研究，及时改进，全心全意为孩子服务，令家长满意。3个月的学费停交，我们却想尽办法，将顺德机幼、大良万圣怡幼儿园、容桂东逸湾英伦幼儿园的外教工资全发，其他教师按80%发放，职工按70%发放。所有教工都说庆幸选择了我们幼儿园，因此工作也更投入和用心。

2023年元月，疫情防控紧急放开，短时间内很多同事感染新冠病毒，他们不得不留在家里等待自愈。大良万圣怡幼儿园、容桂东逸湾英伦幼儿园的6位园长全部阳了，行政值班无法安排，庆幸我还挺得住，在两个幼儿园之间往返，确保维持正常的保教工作秩序。

形势越来越不乐观，疫情不停，中小学、幼儿园停课两周。幼儿园停课必须要退学费，这对于万圣怡和英伦这种小规模的幼儿园冲击太大了，若按此退费，则无法正常运作。我们两园园长反复研究解决问题的办法，最后决定做一次家长意向调查，自选补课或退费。结果，大部分家长都理解幼儿园的苦衷，选择了补课。考虑当年寒假放假较迟，春节假期短，于是我们安排在下学期连续五个星期六补课，并在暑假再延迟一周放假的办法，给孩子们补足两周课。我们的补课通知发出后，来自上级教育部门的信息却表明：根据退费文件精神和相关说明，此前停课两周可以不退费，也可以不补课。这时，很多幼儿园都按照新精神办了，而我们英伦、万圣怡幼儿园却坚持按原计划

行事，很多家长都被我们的做法所感动。

在停课期间，我们还有更人性的关怀，让家长无法照顾的孩子回园。尽管炊事员几乎都阳了，但却没难倒我们，办公室紧急召唤厨房转阴的同事上班主厨。幸好平时有轮训如何点火操作，这次都派上用场了。那段特别的日子，我天天焦虑，这位同事明明好好的，转身便被告知发高烧了，来得急又来得猛，令园长们无法招架。我幸好挺得住，坚持为有需要的家长解困，坚持让回园的孩子留园到寒假放假的那一天，而我，也是唯一坚持到放寒假这一天的园长。

疫情，是一种不可抗力的天灾，谁也避免不了损失和折磨，但我们幼儿园却从未因疫情造成的困难而退缩，全体教职工更没有因减少收入而降低工作热情。

科学组织幼儿洗手

55 发现"奇孩子"

1998年至2000年，我陆续发现有些孩子的行为很奇怪，但不明白是怎么回事。

那两三年，我在日记本上记下了5个孩子的行为问题：奇奇每天回园后情绪不安，嘴里不断重复："我要尿布。"然后做任何事情都执意拿着尿布；原原平时不理睬人，生气时会说"我杀死你，把你剁成肉酱"；霖霖情绪不稳定，过了大半学期仍哭着不肯上幼儿园，她的在中医院当副院长的外公说，"很奇怪，不知是否受过惊吓，孩子好几个晚上做噩梦"；赢赢经常一个人玩，只要与他的需要发生冲突就大哭大闹，满地打滚；浩浩不合群，不听指令，只喜欢画画。

我细心观察这些孩子，多次与家长交流，商量对策，开展针对性的帮助，还举办保姆、祖辈家长学习班，家园配合纠正孩子的偏差行为。

我把这些存在偏差行为的孩子称为"奇孩子"，那时候还没有

"自闭症""特殊需要"幼儿这些提法。

从2000年至2006年，我在日记本上写下更多"奇孩子"的故事，包括正辉、家阁、安安、俊俊、锋锋、冬晨、远飞、君怡、俊军、海叶、信宝、刘威、杨浩、南南、姚彤、楚波、文德、泊雨、尧尧、泓泓、子宴、子静、蕾蕾、宝宝等（均为化名）。

2002年，正辉入读顺德机幼，可一个学期过去了，他还天天哭闹不肯回幼儿园，到了园门口，又死活不肯下车，好不容易到了班里，依然缠着妈妈。我巡班时发现这个孩子很特别：喜欢明知故问，攻击同伴，还会捉弄人。我请班主任录像，记录其在园表现。然后约其父母、奶奶回园一起看录像，他们心里满是疑问：为什么会这样？我问他们："平时正辉喜欢缠谁？""妈妈。""那这样吧，越是被缠者，越要与孩子保持距离，建议爸爸近两周早上送孩子回园，我想观察一下他的反应。但要讲究方法，就说妈妈近期要一早外出办事，爸爸平时很忙，就趁这段时间送他回园。"如此这般，妈妈一早"消失"，正辉爸爸接受建议，安排半个月早上送儿子回顺德机幼。

我提醒孩子爸爸，到了顺德机幼门口，道一声"再见"后马上离开，我想看看这孩子是否故意"欺负"妈妈。孩子爸爸按照我的建议做了。事情如我所料，正辉每天早上回园，情绪稳定，甚至爸爸都不用下车，坐在驾驶室里交代一声："你自己可以下车走进幼儿园的，拜拜！"就这样，轻轻松松解决正辉每天早上令妈妈头疼的问题。

2004年9月，正辉入读顺德一中附小，他的一些奇怪行为经常遭到学生、家长的投诉，甚至要求麦宝文校长让正辉转班、转学。正辉妈妈把我的电话当成"119"，那时的我就像消防员随时需要"救火"。

为此，我多次拜访顺德一中附小的校长和班主任，向他们详细介绍正辉的成长故事和"特殊需要"，麦宝文、张进校长特别有爱心，又敢于承担，他们反复研究，最后决定把正辉调到全宿班，原因很简单：即使正辉"欺负"同伴，同伴一周回家一次，也只能向家长"投诉"一次，这样会大大减少家长的烦躁与不安。而最关键的是，这个全宿班的班主任代老师相当优秀，正辉到她班上以后，真的像换了一个人。

关注"奇孩子"，家长感激之情难以言表。正辉爸爸从日本带回一张淑女像送给我；新城区机关幼儿园阁阁的妈妈也坚持送我两件工艺品，一个是木雕梅花鹿，一个是钟乳石花。家长们说，礼物不值钱，只能表达一份感谢的心意。我推辞不过，只好把这些工艺品分别放在园长办公室和幼儿园美工室，以此希望大家明白，我们的辛劳付出，家长是心中有数的。

56 "都有关系的"

那些"奇孩子"要么捣乱，要么攻击同伴，要么耍赖，严重的还自残：咬手、撞墙，在地上猛叩头……一有冲突便大喊大叫，倒在地上撒野打滚。教师们很害怕，大多拒绝接收这些孩子。我想方设法说服同事和家长，也想尽办法预约中山大学第三附属医院邹小兵教授，请他给孩子评估诊断。

还记得那段日子，我持续用两个多月时间，苦口婆心说服我的一位同事带孩子去请专家评估，同事最终同意。我为同事约好时间，安排车辆，与孩子及其妈妈、外公和班主任一起，第一次走进邹教授的诊室。刚坐下，只听邹教授说："来这么多人干吗？有关系的请留下，没关系的请出去吧！"

"邹教授，都有关系的，我是园长，她是班主任，她是妈妈，他是外公。"我连忙解释。

邹教授看了看我说："啊，那就都留下吧。"就这样，我们便能亲眼见证邹教授评估全过程，最后结果是轻度自闭症。我又把孩子从顺德机幼调到新城区机关幼儿园，并把他安排在非常优秀的班主任罗全班里。慢慢地，教师、家长都改变观念，研究策略，调整方法，从了解到理解，"奇孩子"一点一点进步，后来这个有"特殊需要"的孩子顺利升学，直到大学专科毕业并参加工作。

从这次评估开始，我与邹教授便成了好朋友。我们幼儿园只要发现行为特殊的"奇孩子"，先由我们根据一些指标进行对照，如有需要，再预约邹教授。我也慢慢积累了一些经验。近几年，家长带孩子去评估后向我反馈："邹教授说，你们陆园长说有问题的就已差不多了。"

有一年，新城区机关幼儿园来了一个令人头疼的"奇孩子"远飞，但凡带过他的教师想起来都后怕。孩子最大的问题就是不听指令，到处乱跑，一眨眼就不知去向，安全成了大问题，而且只要与他的意愿发生冲突，便大喊大叫，满地打滚。每班只有两教一保，俗语讲"一个萝卜一个坑"，不可能给他安排专职教师，家长又认为孩子没问题，相信长大后就会好转，事情陷入了困境。

我多次与远飞的妈妈聊天，告诉她我会约邹教授为孩子进行评估，如果没问题就皆大欢喜；如果有问题那也没关系，我们可以一起研究，想办法进行早期干预，远飞妈妈终于同意了。

我联系邹教授，落实了评估时间，远飞妈妈如期前往。评估结果是轻度自闭症，这为孩子早期介入训练争取了最佳时间。

2006年，感谢北京师范大学陈帼眉教授的多次催促，我出版了《孩子，我们的至爱》，书中记录了众多"奇孩子"令人费解的行为举动。20多年来，我坚持帮助这些"特殊需要"幼儿。当然，更感恩在我背后一直帮助我们的邹小兵、静进、胡碧颖、李闻戈、樊越波、石梦良、吴佩芳等知名教授专家，他们一直是我们的坚强后盾，在我的身边，还有全体同事、家长的无偿付出，这些"奇孩子"才得以绽放自己的异彩。

57 强势收"特儿"

教育部、民政部、中国残联等多部委多次联合发文，将残障儿童学前教育列入国家学前教育重大项目，支持普通幼儿园创造条件接收残障儿童，使每个儿童都能接受公平而合适的教育。

而事实上，"特殊需要"幼儿的入园面临重重困难。

多数园长、教师都拒绝接收这类特殊孩子，因为这些孩子绝大部分爱捣乱，麻烦事特别多，影响班级的正常学习和生活秩序，大大增加工作难度。而普通幼儿园又没有特殊教育专业的教师，普遍缺乏专业准备和资源支持，现实条件十分有限。部分家长觉得自己的孩子与"特殊需要"幼儿同班，会使孩子吃大亏。所以普遍的意见是倾向"特殊需要"幼儿只能入读特殊教育学校。

而我看到的是那些"特殊需要"幼儿的家庭承受着沉重的经济压力和精神负担。有几次我陪同家长带孩子去广州医院进行评估，其中印象最深刻的有两次。一次是目睹那位被确诊为中重度自闭症孩子的妈妈阿君，她从离开中山大学第三附属医院上车便开始哭，一直哭到顺德。我的心情同样沉重，不断开导她。同坐车上的阿君婆婆耐心劝说儿媳妇："不用太担心，你就听陆园长说的，到幼儿园陪伴孩子，不管怎样，我们吃饭你吃饭，我们吃粥你吃粥。"我当时非常感动，对阿君说："你有这么好的婆婆，值得庆幸，我相信即使他们吃粥，你也是有饭吃的。"就这样，我把这个孩子安置在万圣怡幼儿园，后来为了上学方便，这孩子又转到容桂东逸湾英伦幼儿园，孩子长到7岁，转衔读了顺德启智学校。

另一次是一对住在台山的亲戚夫妇，根据他们介绍孩子的情况，我觉得孩子需要请专家进行评估，而孩子的奶奶认为孩子没问题。最终，我带他们一家去找邹教授。评估报告出来，做妈妈的先哭了，责备身边的奶奶："还说没问题，您现在明白啦！"我急忙劝说："不用担心，幸好孩子才3岁，我们好好干预还来得及。"这对亲戚夫妇听从了我的劝告，他们在顺德机幼旁边租房子住下，送孩子入读顺德机

幼。孩子一天天进步，大班毕业后回台山顺利入读小学。

2012年10月，我观察发现，一个名叫飞飞的新生非常喜欢看小风车。当班上其他小伙伴忙着玩游戏时，他却一个人蹲在一个小风车旁边，前后左右看得很入迷。没有小风车看，飞飞在课室总不能安坐，到处乱跑。带班教师非常着急，我马上约见家长，现在我仍清晰记得当时的对话："飞飞妈妈，经过我和班上教师的观察，孩子很特别，没有安全意识，一不留神便到处乱跑，这样很容易发生事故，建议您来幼儿园陪读。"谁知飞飞妈妈说："我已身心疲惫，他摔死算了，我不会怪幼儿园的。""您是说真的还是说假的？我只是他的园长都如此紧张，您是他妈妈，能看着他摔死吗？"听到这里，这位妈妈哭了。我又接着说，"其实您已经很幸福了。"她一听满脸疑惑："什么幸福？""是呀，首先，您儿子能入读顺德机幼很幸运，其次，他年纪又小，早发现早干预，一定可以改变的。"随后，我建议她请专家为孩子做个评估，结果又是确诊"自闭症"，妈妈决定来幼儿园陪读。为了减轻她的负担，我让这位妈妈做了体检，报告显示身体健康，我便安排她在幼儿园吃午饭，全心全意当儿子的陪读"老师"。

可一些家长获悉自己孩子班上有一个自闭症孩子时，纷纷表示抗议。当时我刚刚读完一个自闭症孩子爸爸蔡春猪写的《爸爸爱喜禾》，我边看边流泪，很感慨这位"自闭症"孩子爸爸的豁达乐观、智慧幽默。我安排为飞飞班上的家长们做一次宣讲。当我拿着这本书，讲着这位感动所有人的爸爸的故事时，我又忍不住流泪了。

　　我说："孩子飞飞很不幸，但又很幸运，因为他来到了顺德机幼，大家包容、接受、支持……"客观地说，我讲完后，绝大部分家长都被感染，没提出反对意见。可一阵沉默后，突然一位爸爸站起来提出反对。我说："这位年轻的爸爸，我想问您，如果是您的儿子，我是收还是不收？"令人难以置信的是，这位爸爸竟然说："人是自私的，如果是我的儿子，肯定想您收，但别人的孩子，我反对。如果他还在这个班，我的孩子就转园。"我听了非常生气，一字一顿地说："我现在就告诉您，这个飞飞，我一定要留下，至于您的孩子是否转园，那是您的自由！"

　　就这样，飞飞一直留在顺德机幼，一直跟随原来的这个班直到毕业读上小学。而之前公开提出反对的那位家长，也没让孩子转园，在顺德机幼同样快乐地成长。

从幼儿园到初中的飞飞

58 联手早干预

我非常清楚，若要坚持开展融合教育，必须要请专家教授帮助支持。我通过各种渠道结识海内外专家，并与他们一直保持密切联系，希望能邀请他们前来顺德机幼培训指导。有了这支专家团队，我们顺德机幼及分园才能帮助"特殊需要"幼儿逐渐改变，不断进步。

20多年来，被邀请来顺德机幼讲课培训、跟踪观察、指导分析的专家教授就有马来西亚的李素贞，北京的曹斌斌，台湾的吴永怡、吴佩芳，香港的陈惠玲，澳门大学的胡碧颖，中山大学的静进，中山大学第三附属医院的邹小兵，华南师范大学的李闻戈、樊越波，还有湛江、广州、佛山等市特殊教育专家石梦良、陈旭红、郑荣双、张欣华、何智芳等，他们都不遗余力支持顺德机幼及分园开展融合教育，华南师范大学特殊教育学院还把顺德机幼定为"特殊教育习训研实践基地"。

我们不仅寻求高校专家、教授的专业支持，还动员家长到幼儿园陪读。这些孩子安排半天在幼儿园接受融合教育，半天在特殊教育机构进行一对一康复训练，相互补充，发挥资源整合的作用。

全国自闭症评估权威专家邹小兵教授说："早发现、早评估、早干预，这'三早'缺一不可。"

樊越波是华南师范大学自闭症研究中心主任。作为一名儿科医生和特教工作者，她也说："学前教育对于一个人的一生有着重要的影响，早期介入或融合教育是改变'特殊需要'幼儿生命轨迹的关键所在。顺德机幼能够利用自己有限的保教费，帮助'特殊需要'幼儿及其家庭，实在难能可贵。不仅将孩子的差异转换成教育资源，帮助'特殊需要'幼儿顺利融入普通孩子群体，同时也实现了'特殊需要'幼儿及其家庭与普通孩子及其家庭的相互融合、幼儿园与社会相互融合的目标。"

顺德机幼团队不断寻求专业支持，不断提升特殊教育技能，正是基于帮助一名"特殊需要"幼儿，就是救助一个家族的使命担当。

接纳帮助"特殊需要"幼儿成本巨大，无论对家长还是幼儿园，都可能无法估算。所以我经常提醒年轻教师和家长，一定要密切关注孩子的身体、行为发育，一旦有异常，马上介入，早诊断、早干预，赢得最佳的黄金时间，效果肯定是不一样的。

孩子异常行为有哪些表现呢？我根据20多年的经验，总结出以下异常现象，供教师、家长参考：

一、语言发育滞后，表达迟于同龄孩子，个别孩子一岁左右发出"爸爸"等音节，但再过半年、一年，反而退步开始沉默不语。

二、不合群，只顾玩自己感兴趣的东西，有的孩子喜欢圆形的、会动的物品，有的孩子特别喜欢机械玩具。

三、不听指令，视而不见，听而不闻，自言自语。

四、一点小冲突或不能满足自己意愿时便大喊大叫。

五、不能安静，随处走动。

六、固执刻板，不接受改变。

七、害怕噪音，不敢听电钻声、打雷声。

八、有时会语出伤人，无故说出"杀死教师""剁成肉酱""不认爸爸"等恶语。

九、有的孩子对触摸特别敏感，不愿意被别人抚摸、拥抱。

十、有的孩子潜能非同一般，记性特别好，或对文字、数字、美术、音乐等特别感兴趣，而且学得快。

一些"特殊需要"幼儿在某些方面颇有天赋，哪怕他们的父母是高层次人才，也有可能忽略孩子的偏差行为，但只要将他们放在集体生活中，就能看出其明显的差异。

顺德机幼早已建立针对"特殊需要"幼儿的观察及诊断相关流程并形成制度。孩子从入园开始，教师们便在一日生活中观察每个孩子，如发现异常，及时记录并报告保教室。相关人员继续观察孩子，根据她们的初步意见，我再次到班上观察，然后开展后续工作：约谈家长—专家评估—明确责任—安排入班—家访详谈—综合干预。

59 "普"与"特"融合

我经常纠正大家的一种说法，不能把普通孩子表述为正常孩子，我说"自闭"或其他"特殊"孩子也是正常的，他们只是有"特殊需要"而已。因为生命是多样性的，与普通孩子相对应的表达，应该称为"特殊需要"幼儿。

顺德机幼及分园在接纳"特殊需要"幼儿的长期摸索中，逐渐形成"融合共生教育"模式，把有"特殊需要"幼儿放到各班，与普通孩子共同生活、学习。我们发现这种方式能有效促进"特殊需要"幼儿转变，而普通孩子又在这个过程中学会如何关心同伴，帮助弱势，积极想办法服务身边有"特殊需要"的小伙伴，我们称其为"融合共生教育"。

"融合共生教育"包括价值观念、教育目标、教育内容、干预策略、生态环境等内容。

关于价值观念，我们坚持"把唯一的童年留给每个孩子"的办园

理念，强调童年的"唯一性"，珍视童年的独特价值，强调教育的公平性和生命的多样性，让每一个孩子都享有属于自己的童年。孩子天性善良，也喜欢模仿和学习，开展"融合共生教育"，顺势而教，将差异化发展转换为教育资源，有"特殊需要"幼儿融入普通幼儿园，让普通孩子学会关爱、想方设法帮助有需要的同伴，这便是孩子们最初学习的"担当精神"。

关于教育目标，我们细分为幼儿教育目标、家长教育目标和教师教育目标等。

对于"特殊需要"幼儿，定位为提升生活自理、语言沟通、社会交往、动作发展、认知发展、感知发展等能力；对于普通孩子，定位为培养同理心、责任心、关爱并想办法帮助他人等优秀品质。

对于"特殊需要"幼儿家长，鼓励他们树立信心，接受现实，调整心态，积极参与学习，提高干预能力；对于普通孩子家长，除了做好必要的宣传外，还通过大量案例，让他们相信"融合共生教育"更有利于培养普通孩子的健康人格。

对于幼儿园教师教育，除了认识教育工作者的社会责任和使命外，还要千方百计地营造大爱环境，让人人都接受"特殊需要"幼儿。同时安排教师参加专业学习培训，力求做到家园同步，形成合力。其次还要利用各种特定日子和机会，在社会上宣传推广，使全社会逐步营造出关心"弱者"的氛围。

关于教育内容和干预策略，均在顺德机幼出版的《幼儿园融合共生教育模式理论与实务》中有详细叙述。

关于生态环境，我们精心创设，通过集体活动、区域游戏、日常生活等，加强家园联系，具体课程包括生活课程、社会交往、阅读课程、游戏课程、节日课程、家长学校融合教育课程等，注重生活化、情景再现等。

顺德机幼及分园的"融合共生教育"模式还制定出服务流程，包括发现与评估、入班流程、个别化教育方案的制定与实施、"特殊需要"幼儿入读小学前后的评估与跟踪服务等。而陪读家长，也从全陪（全天）到半陪（关键环节）直至完全撤离现场，不再陪读，每当看到孩子的可喜变化，很多家长都情不自禁地流下热泪。

幼儿园接收"特殊需要"幼儿，必须长期做好"特殊需要"幼儿家长、融合班教师和普通孩子家长的思想工作，让"特殊需要"幼儿家长接受事实，树立信心，放松心情，让普通孩子家长明白事理，包容接纳，提供帮助，让教师乐意承担社会责任，努力帮助这些家庭和家长解决实际问题。

在我的手机里，储存有100多位"特殊需要"幼儿家长的电话，随时接受他们的咨询，必要时还得花钱利用自己的休息时间为他们支招。我时不时会打电话询问孩子的近况，缓解家长的精神负担。

在顺德机幼"阳光工作"微信群里，同样有130多人，大家互相启发，分享孩子的点滴进步，推荐一些学习渠道和内容，丝毫没有那种隐晦和回避，人人积极正向，令人欣慰。

为了让所有家长接纳"特殊需要"幼儿，我借助孩子入园第一次家长会，用同理心感化普通孩子的家长，让普通孩子的家长明白帮助"特殊需要"幼儿，也成就了自己孩子的美德，是共同营造和谐的教育生态环境的功德之举。

60 决定留英伦

顺德机幼及分园接纳的"特殊需要"幼儿，一般有四种类型：一是典型的自闭症和高功能自闭症，俗称"阿斯伯格综合征"；二是唐氏综合征；三是发育迟缓；四是轻度的肢残儿。

来自北滘的奔奔3岁半入读容桂东逸湾英伦幼儿园。做爸爸的实在不容易，每天跑几十公里，把儿子送到幼儿园后，再赶回去上班。遇到出差外地，外公坚持坐班车送孙子上学，他多次谢绝幼儿园提供园内午饭、午休的帮助，选择一整天在容桂自由活动，到下午放学时再接奔奔回北滘。

我知道这情况后，决定想办法在顺德机幼给孩子留一个学位，让他们每天少跑20多公里。奔奔升中班前，顺德机幼常务副园长梁乐敏告诉我"已留学位"。我兴奋地告知奔奔妈妈，谁知几天后，奔奔妈妈回复："陆园长，非常感谢顺德机幼的关心体贴，但我们一家人商量过，决定仍然留在英伦幼儿园。"我听后既感动于家长的毅力，更感动于教师的付出。

奔奔没离开英伦，只为继续留在优秀的男教师黄文锋班上。

黄文锋老师（右）是孩子们的偶像

奔奔刚来时，语言表达滞后，记忆力却较强，善于模仿别人的动作，可行为有点怪异。同伴排好队，他却喜欢插队，有时大声尖叫，有时摸摸别人的脑袋，闻闻别人的头发，拉拉女孩子的裙子，这些行为引起小伙伴的反感，家长的意见也很大，奔奔更加孤独了。

奔奔的班主任黄文锋与搭档教师分析，这可能是奔奔社交意识的萌

芽，因他不会用恰当的方法，只能用自己的行为去引起同伴的关注，我们应好好研究策略帮助奔奔，通过体育游戏来改善孩子们的关系。

一是玩"搭肩膀变火车"游戏。这是班上玩得最多的游戏，可以帮助奔奔改变不愿意排队的习惯。班上刚组织户外活动时，奔奔从活动室跑到操场，一眨眼便跑没影了。刚开始玩"搭肩膀变火车"游戏时，奔奔很不情愿，文锋便邀请一个性格温和的男孩同他做玩伴，拉他进入队伍，文锋则及时强化："奔奔，你这样做就对了，只搭肩膀，不摸脑袋。"只要一排队，文锋就重复做这个游戏，奔奔慢慢就融入了班集体。

二是在垫子上"滚香肠"。文锋把一张垫子铺好，孩子们趴在垫子上，双手抱头，手臂贴住耳朵。玩这个游戏的时候，奔奔不会玩，只是站在队伍最后，文锋教奔奔慢慢从垫子起点滚到终点，为了提高他的兴趣，他还说自己将变成大灰狼，滚得慢的孩子都会被大灰狼挠痒痒。后来奔奔开始喜欢玩"滚香肠"了。每次轮到他，文锋故意多给他一点时间。后来这个游戏还有升级版，一张垫子变成两张，孩子们自行搭配伙伴，头对头，手拉手，听到老师指令后两人一起向着终点滚过去，其间不能放手。每当游戏结束，文锋再次给奔奔强化"小伙伴都喜欢这样手拉手做好朋友"，奔奔有了小成就，显得非常开心。

三是玩双人平衡木。摆放两条平衡木，教师在中间用摆锤当障碍物，两个孩子手拉手一起通过，到达终点后拥抱庆祝胜利。等孩子们掌握规则后，游戏版本再次升级，文锋拿着障碍物在平衡木中间来回摇摆，两个孩子手拉手通过时要避免被撞倒，到达终点后表现得更兴奋。

慢慢地，班上的孩子越来越接受奔奔，奔奔也自然而然与小伙伴融合在一起。难怪当妈妈的宁愿家人每天多跑路，也不情愿奔奔离开容桂东逸湾英伦幼儿园。

61 他来自广州

2015年，小博在广州某幼儿园上学，被园方劝退。家长通过邹小兵教授推荐，一家人来顺德找我，我约他们在大良万圣怡幼儿园见面。

第一次见面，我和梁平谦园长一起接待。我拿出名片，郑重其事地递给小博说："小博，我和梁园长都欢迎你来万圣怡上学啊，听说你很聪明，我把名片给你，有需要时找我。"

通过交流，我们才知道孩子有语言暴力，会攻击同伴，生气时有自残行为。本来小博的爸爸妈妈都是公司高管，后来因为小博求学不顺，妈妈只得辞职，和外婆一起照顾家里的两个孩子。

初次见面，小博妈妈记住了我向孩子递名片这个细节。后来每逢说起，她都禁不住流泪："园长这样尊重孩子，我没法不感动。"

小博入读大良万圣怡幼儿园，其父母在顺德新城区租房住，每月房租2300元。这一家五口，爸爸在广州上班，每天早出晚归，外婆照顾弟弟，妈妈在幼儿园给小博陪读。

现任容桂东逸湾英伦幼儿园副园长叶改娟当年是小博的班主任，她在家访中看到两个情景，留下深刻印象：一是小博自己摔倒后，竟用头撞地，爸爸扶他起来，他说要把自己杀死；二是小博站在阳台用手机拍对面的人家，爸爸劝他不要拍别人隐私，小博不听，又用头撞阳台围栏，不停说要杀死自己。

在幼儿园，改娟每天都会发现小博的怪异行为。有天早上，小博找刚离开课室去吃早餐的妈妈，因为没有人作陪，改娟便不让小博出去，他便使劲用双手捶自己的头，边捶边说："你是坏人，打死你。"一次区域活动，小博把同组女孩子收拾好的材料全部推倒，改娟请他重新收拾，他又用双手猛捶自己的头说："我就是坏孩子，我要杀死我自己。"

改娟认为，小博一直由妈妈陪伴，自然特别依赖妈妈，一旦妈妈这根精神支柱不在了，就会产生恐惧心理。

小博喜欢画画、阅读、拼积木、玩摇摆车，记性也特别好。改娟综合小博的生活环境、接受能力、个性特点、家长陪读等多方面情况，为小博制定了训练方案，希望通过有效的干预让他尽快融入集体。

一是建立同伴支持。改娟安排班里性格开朗的小朋友和小博一起玩游戏。小博最喜欢班上一名法国小女孩，改娟便安排小博和这个女孩坐在一起，组织活动时女孩子处处带着他，小博有了安全感，情绪开始稳定。

二是转移注意力。小博出现不恰当行为，改娟不会马上批评，而是拉着他的小手，假装没发现，摸摸他的头，只聊他感兴趣的，转移他的注意力，让他感觉被教

霁霁在地板上开心地画画

师喜爱。一次区域活动后，小博不收拾就走，改娟马上拉着他的手去浇花，因为他最喜欢干这事，花浇完了再带着他一块收拾活动区域材料，这时他就顺从多了。

三是及时鼓励。改娟平时非常关心小博，只要他有一丁点进步就及时鼓励。小博有时完成一幅画，有时清洗一只托盘、一个碗勺，改娟都会在孩子们面前为小博竖起大拇指，表扬他取得进步。此时，小博脸上会露出不易觉察的得意笑容。

四是强化规则。改娟与小博商量，如果他能和同伴全程参加一次集体活动，那么第二个活动开始后，他就可以做自己喜欢的事情，如画画、阅读等。这个目标实现后，改娟又提高要求，说如果一天内没有出现自损行为、暴力言语，可以享有15分钟的自由活动，如果出现一次，就减少5分钟。

对于患阿斯伯格综合征的儿童来说，最困难的是建立良好的同伴关系。每逢"自闭症关爱日"，改娟先让全班孩子自制小贺卡，然后让他们依次说出小博身上的优点，最后让孩子们和他拥抱、握手、送卡片，小伙伴给他送温暖时，看得出他是开心的。抓住这个时机，教师才把规则逐条向小博解释，这时他会点头说"知道了"。

五是家园同步。改娟建议小博妈妈在家里为孩子腾出一点地方，摆个"小房子"，把刺激他情绪的物品收藏起来，让他对自己的小天地感到依恋、安全；建议小博爸爸每天与孩子拥抱，增加亲子互动时间，一起做孩子喜欢的游戏，在节假日期间带小博出去亲近大自然，创造条件让小博与陌生小伙伴一起玩耍，多方面为孩子提供交往的环境和游戏。

功夫不负有心人，经过一段时间的强化，小博开始慢慢融入集体，暴力言行大大减少，还愿意帮助教师扫地、分派牛奶、清洗托盘等。一路走来，这个曾经令人头疼的孩子终于有了转变。

62 退费返英伦

　　小佳，一个漂漂亮亮的女孩，从不太会说话到每次见到我都开心叫"园长奶奶好"，这时，不管是孩子妈妈还是我本人，心中都会涌起一股暖流，这个结果来之不易啊。

　　每天一早，小佳妈妈从均安跑到几十公里外的容桂东逸湾英伦幼儿园，午睡未醒，又抱起孩子去特殊机构训练，晚上再赶回均安，如此日复一日。孩子爸爸看着妻子和女儿每天辛苦奔波，十分心疼，于是决定转园回均安。

　　班主任范颖姬一知情况，当晚即向我报告，她说已与小佳妈妈沟通，其实小佳妈妈并不赞成转园，她说英伦幼儿园的园长、老师实在太好了，但关键是爸爸舍不得母女俩辛苦奔波，他觉得小佳进步很大，可以适应新环境，因此转园态度很坚决。

　　当天晚上，我打电话同小佳妈妈沟通，确认她想把女儿留在容桂东逸湾英伦幼儿园后，我立即联系小佳爸爸。那天晚上，我们聊

了足足50分钟。我先回顾了孩子前后一年的变化，然后语重心长地说："小佳爸爸呀，请您先想想这么一个问题，您的女儿本来就要花费范老师她们很多的时间和精力，但为何她还及时报告我呢？班上少管一个'特殊需要'幼儿，这对老师来说不是更轻松吗？我们花了整整一年心血，您妻子风雨不改辛苦了一年，才有了孩子现在的成果。如此一走，孩子有可能退步，均安的幼儿园我太了解，如果有比英伦好的，我赞成你转，这样你们既方便又省时，但关键是暂时没有哇。您女儿每天见到我都会开心叫'园长奶奶好'，下学期突然不见园长奶奶，小佳是否会有失落感？我们为孩子所做的一切不是前功尽弃了吗……小佳爸爸，请您好好想想吧！"经过一番交流，小佳爸爸说："陆园长，您和范老师的做法令我太感动，我一是心疼母女俩，二是离家近，妻子也可协助我做事，而且见小佳进步很大，才有这个想法。"我又说："小佳爸爸，小佳妈妈说能坚持下去，不怕辛苦呢！""陆园长，我已交学费。""交费可以退的呀！别说还没到开学，就是开学了，也能根据相关文件规定的实际情况退费的，如果您退不了，我帮您退。范老师还跟我说，为减轻孩子妈妈的精神负担和您的经济负担，建议不要再送小佳去机构训练，可全天留在幼儿园，您去哪里能找到这么好的老师？而且，小佳的外教Dora也是深受孩子、老师喜欢的。""是啊，最近我发现孩子回来很喜欢说英语，还说是Dora教的，好吧，我明天去退费。"

第二天晚上，我接到小佳爸爸的电话："陆园长，我已经办理退费手续了，下学期还是回英伦幼儿园。"爸爸回心转意，小佳终于可以继续留在英伦，而且全天都在幼儿园了。

63 亲子同上学

2019年，全国特殊教育研讨会在江西华泉小村举行。关于家长可否到幼儿园陪读的做法是其中议题，与会人员有正反两种不同的意见。有专家反对家长陪读，或请助教陪读，认为这样会让孩子产生依赖，不利于正常干预。我和另一位同事参加分会场讨论，认为陪读富有积极意义，并介绍了我们几所幼儿园一直如何动员和鼓励家长陪读，强调陪读有利于家园同步。现实情况是，普通幼儿园没有条件配备特殊教育专业教师，因而融合班更需要家长的陪读支持。

当然，陪读是否可行，又是否需要陪读，我们都在实践中总结，也根据个体情况而定。

20多年前，接纳"特殊需要"幼儿的普通幼儿园本来就少，更加不容易做到接受家长陪读。因为幼儿园工作繁杂琐碎，如果再多一

位家长，好像班上多了个监管员，教师言谈举止，孩子吃什么、做什么、玩什么，家长一目了然，带班教师自然压力大。

可我不会这样想，从2010年开始，我们根据"特殊需要"幼儿的状态程度，耐心说服家长陪读。在陪读的家长中，有爸爸妈妈，有外公外婆，也有爷爷奶奶，无法安排家长陪读的就聘请园外助教。家长陪读，一方面可减轻教师照顾"特殊需要"幼儿的工作负担，关键时刻还可协助照顾班上其他孩子；另一方面又能让家长学习掌握一些教孩子的方法。不过，"特殊需要"幼儿人数要有严格限制，每个班原则上最多安排两个"特儿"。家长陪读目标是从全天陪到半天陪，或关键时段陪，直至退出不陪。

初次安排家长陪读是在2010年，两个从几十公里外的北滘镇来的"特殊需要"幼儿，入读大良万圣怡幼儿园大班，我安排他们在我女儿李禧祺的班上。把这件从来没人做过也不敢做的工作交给女儿，目的是为了总结经验，以期将来动员其他教师也接受这种任务。我首先约见两个孩子的妈妈，告知她们接纳"特殊需要"幼儿的难处，因为几乎所有幼儿园都不愿意接纳这些特别的孩子，但大良万圣怡幼儿园率先行动，希望陪读家长与幼儿园达成默契：

"特儿"浩浩与外教老师

第一，陪读家长先到医院体检，如身体健康，可在幼儿园吃午饭，省去交通往返时间而集中精力陪伴孩子；第二，陪读家长也是班上的工作人员，除了照顾自家孩子，还要兼顾其他孩子，比如照看孩子们喝水、如厕、户外活动，以及孩子回课室更换衣服等；第三，教师不是圣人，有时候说的话不一定对，做的事也不一定恰当，请陪读家长多多谅解、指导和帮助，及时交流研究。

对此，陪读家长都一一答应，她们都为我们这样的做法而感动。

接下来做教师的思想工作，我把事情缘由一五一十告诉几位同事，我说："人无完人，你们平时该怎么做就怎么做，该怎么说就怎么说，要把真实的一面呈现在家长面前。你们不用担心，我早已做好家长工作，她们会把自己当成班上工作人员，尽心协助你们工作的，这样你们做起来就顺手了。"

家长入园陪读一年，和教师们相处非常融洽，两个孩子进步很大，最后都顺利入读小学。孩子离开大良万圣怡幼儿园后，家长仍与教师保持联系，念念不忘感恩教师们的帮助。20多年来，在顺德机幼及分园陪读的家长超过30人，他们有的来自顺德大良、容桂、北滘、均安，有的来自南海、禅城、广州、台山，有好几个家庭在幼儿园附近租房住下来，不惜代价陪伴孩子成长，我对他们万分敬佩，感激他们对孩子、对幼儿园无怨无悔的付出。当然，通过陪伴和不断充电，很多家长都成了半个专家。

64 绝望变惊喜

"帮助一个'特殊需要'幼儿，如同救助一个家族。"我在很多场合都这样说。把有"特殊需要"幼儿放在普通幼儿园、普通中小学，与其他孩子一起学习、生活，"融合共生教育"不但给"特殊需要"幼儿家庭带来希望，而且也能让所有孩子都得到成长。

一个家庭若有孩子被确诊为自闭症，差不多都有这个过程：开始否认，不愿面对—接受评估，准确诊断—近于崩溃，调整心态，积极干预—经常困惑，不断学习—看见成效，欣慰惊喜。有一位家长生意做得比较大，当孩子被确诊为自闭症后，非常忧虑彷徨。我还很清晰地记得当时第一次见他们夫妇的情景：孩子爸爸焦急地说："陆园长，请您帮帮我儿子，不管花多少钱，哪怕30万元也没问题，希望您能帮我找一位专家。"我说专家不用找了，帮您省下30万元吧。"为什么？""您夫妇就是最好、最重要的专家呀！"看着夫妇俩一脸迷茫，我接着说："从今天开始，你们都要安排时间按照邹小兵教授的建议参加学习培训，天天抽空陪伴儿子，你们两人要明确分工，爸爸您负责带儿子运动，您妻子则负责给孩子读绘本，在情景中练说话……"

这对夫妇听从我的建议，家园同步干预，孩子逐步好转，从顺德机幼毕业后，顺利入读小学一年级。有时我去孩子学校办事，孩子见到我，还会主动问好，我为又成功帮助一个"特殊需要"幼儿而无比开心！

来自离顺德机幼20多千米外的志远，1岁8个月时，连笑都不会，当时也被诊断为自闭症。一次分享干预经验时，志远妈妈谈了这个经历。她对儿子说："妈妈对你的未来非常担忧，愿在离世前将你一同带走，免得你受苦。"孩子当然什么也听不懂，妈妈一度陷入绝望，竟产生了这样一个残忍的想法。

她接着说："幸运的是，顺德机幼开展'融合共生教育'，我儿子3岁时被顺德机幼接纳……"

从孩子入读小班时，妈妈便随园陪读。刚入园时，孩子坐立不安，总要离开座位去做自己想做的事情，经常跑到娃娃区捣乱，总惦记要去触碰新玩具，户外活动时从不跟随班上的小伙伴和教师。三位中外教师不急不躁，在日常活动中，她们把志远当作普通孩子看待，耐心引导他排队取餐、进餐。有很多活动，教师同样让志远与其他小伙伴一起参与，还特别安排能力强的孩子帮助他，实在不行，教师或妈妈才会出手帮助。

外教老师与"特殊需要"幼儿玩游戏

William是一位男外教，非常乐意接受"特殊需要"幼儿，也特别有方法，是公认的顺德机幼好教师。他经常与志远妈妈商量办法，为志远的教育提供指导。

机幼很多同事都认识志远，连门卫叔叔、厨房阿姨都对志远特别照顾，待他就像对待自家的孩子一样。在班里第一次家长会上，班主任告知家长，班上有个"特殊需要"幼儿，家长们知道后，不但没有另眼相看，还走上前与志远妈妈拥抱，把她感动得流下热泪。志远妈妈陪读时看到班上小伙伴都喜欢她的儿子，每当孩子回到幼儿园，小伙伴都热情地与志远打招呼，平时争着牵他的手，主动邀请他玩游戏，与他分享玩具。

上中班后，志远学会了安坐、排队、喝水、取餐、进食、上洗手间，基本不需要大人辅助，吃饭取汤时还知道小心翼翼地不让菜汤泼洒出来，以前从不吃水果的问题也得到解决。

2009年11月29日，这一天志远已4岁47天，妈妈在班上正协助教师分发午餐，他突然跑过去拉住妈妈的裤腿说："妈妈，急尿尿！妈妈，急尿尿！"就是这么两句简单的呼唤，令妈妈听了喜极而泣。因为，这是她第一次听到儿子呼唤自己！

65 快乐的乐爸

自从儿子被确诊为自闭症后，乐乐的爸爸便有了一个属于他的尊称——"乐乐吧"。乐乐的爸爸很喜欢这个名字，他告诉我，因为这个名字时刻提醒他，必须保持快乐的心境，接纳和帮助自己的自闭症儿子。

"乐乐吧"告诉我，两年前，乐乐两岁半时，还完全没有语言能力，每天撕纸、吃纸条，反复按开关、玩柜门，不听呼唤指令，真的像是一个从外星球来的孩子，令全家人头疼心痛。

乐乐爸爸和妈妈经过几番痛苦的挣扎，决定双双辞去白天的工作，改为晚上兼职。从此，学习、求医、训练便成了夫妇俩的主业。

乐乐继承了父母的音乐天赋，夫妻俩想尽办法训练支持儿子。渐渐地，乐乐开了一点窍，眼睛会看人，嘴巴会说话，自己能吃饭，还可以上厕所。每一点进步，对乐乐的爸爸妈妈来说，都是天大的惊喜，他们为此非常激动。

自闭症孩子不擅于沟通，在普通幼儿园跟不上普通孩子的生活、学习节奏，行为又令人特别头疼。而普通孩子的家长未必理解，教师也不一定接受，自闭症孩子的求学之路超乎想象的艰难。

乐乐4岁多那年进入顺德机幼，每周接受一天"融合教育"，其他时间在家干预。乐乐5岁，转到大良万圣怡幼儿园，每日有半天在幼儿园接受"融合教育"，半天在特殊教育机构进行一对一训练。直到情况有所好转，又转回顺德机幼，与小伙伴们共同学习生活。

"乐乐吧"常对身边人说，乐乐是幸运的，因为他在顺德机幼和大良万圣怡幼儿园遇到了许多好教师。

无论是我，还是幼儿园其他园长，每次见到"特殊需要"幼儿，再忙也会弯下腰来给孩子一句问候、一个拥抱。幼儿园定期组织融合班教师和家长分享会，互相借鉴在实践中不断积累的经验，提升干预能力。

"顺德机幼老师有大爱之心。""乐乐吧"从孩子成长经历中见证，顺德机幼教师经常走出去，又时不时邀请国内外专家教授到幼儿园讲课培训，用心寻求有效解决问题的方法。教师信任每一个孩子，创造各种机会，让孩子们充分参与活动，增强其自信，提高融合度。教师们还利用休息时间家访，了解孩子在家的表现，与家长携手共育。

"乐乐吧"应邀参加广东省学前教育年会，他现身说法："作为'特殊需要'幼儿的家长一定要全情配合。"教师家访时，乐乐的爸爸和妈妈会把孩子的真实情况向教师介绍。"乐乐吧"说，入园陪读家长不要什么都包办，而是要科学陪伴，用心观察和记录，及时与教师交流，准确定位。家长陪读，其角色不仅仅是家长，还是班上的工作人员，要随时协助教师管好班务。除了在幼儿园陪读，家长还要充分利用放学时间或假期，带着孩子去亲近大自然，爬山、玩水，还可以去逛商场，多方面刺激孩子的感官。

一家人共融、共乐、共成长，"乐乐吧"说："我陪伴儿子在顺德机幼、大良万圣怡幼儿园度过了他的快乐童年，而我也同样快乐。"

乐乐大胆自信表演

66 家长心里话

一个个令人棘手头疼的孩子，为什么会在顺德机幼或分园慢慢改变？我们几所幼儿园定期举办"融合共生教育"经验分享会，有一次，顺德机幼的家长阿君分享了自己的感悟。

第一是爱。孩子比大人更敏感，爱是装不出来的。园长、教师看孩子的眼神，讲话的语气，以及触摸的动作，都透露出对孩子纯粹的爱护，丝毫不亚于父母的爱，这是"特殊需要"幼儿在教师面前放下戒备的重要原因。

第二是接纳。孔子说有教无类，教育是不应该选择孩子的，顺德机幼及分园从不挑选孩子。多少父母在孩子被挑剔的时候感到无奈与挫败，这是父母的错吗？当然不是。那是孩子的错吗？更不是。他们那么小，那么无辜，谁应该为这些孩子的先天不足负责呢？顺德机幼及分园的态度是人人都要负责接纳所有的孩子，接纳他们现在的样子，无论什么样的孩子。只要有学位，他们几个幼儿园都会接纳，努力让"特殊需要"幼儿融入集体，帮助其日后融入学校，融入社会，成为一个有生活自理能力的人。

第三是鼓励。幼儿园的教育对象不仅是孩子，还包括父母。园长、教师在充分了解孩子情况后，总能找到孩子的优点，给孩子肯定，也给家长信心，这正是很多"特殊需要"幼儿家长迫切需要的。当他们发现自己的孩子与别人的孩子有些不一样时，作为父母是多么需要鼓励、需要帮助啊，让他们坚信经过努力，自己的孩子也会变好。只有这样，"特殊需要"幼儿的家长才会有信心和动力，才能用新的眼光去审视，原来自己的孩子是一颗没经雕琢的璞玉。

从陪读家长到资源教师

我是顺德机幼的资源教师，同时也是一位"星儿"妈妈。13年前，作为人民教师的我，毅然放弃工作成为一名全职陪读妈妈，陪伴儿子度过了一个又一个的难关。我有过困惑，有过痛苦，有过绝望，但依然坚持，因为我是一个母亲，是我孩子的依靠，现在又是许多"特殊需要"幼儿的依靠。

一、孩子确诊自闭症

转眼间，我儿子已经16岁，成为高一的大小伙子。现在，我仍能记得，儿子小时候说话、走路，都比同龄孩子稍

晚一些，显得天真幼稚，与其他小朋友有很多不一样。

2009年3月6日，我儿子被中山三院邹小兵教授诊断为"自闭症"。自闭症是一种病因不明、难以治愈的终身障碍，这犹如晴天霹雳，给我和我的家庭带来毁灭性的打击。

二、走上陪读之路

确诊后的半个月，是我人生最黑暗的时光。焦虑、难过、埋怨、无奈、崩溃、绝望，我和丈夫经历了所有的情绪。当年，儿子就像外星人一样，与我们格格不入，只沉浸在自己的世界，无法用语言来表达自己开心、生气，只会在原地不停地转呀转。对于这一切，我们束手无策。最绝望、最无助的时候，我真想带他一起离开这个世界，如果当时一脚油门踩下去，母子俩就完了。但那么一刹那，我刹车了。作为一个母亲，我把他带到这个世界，不能给他健康的身体，已经很对不起他，何况他还没来得及好好感受生活。我为自己的疯狂想法而感到羞愧，我要尽最大的努力让他快乐，过上有尊严的生活。我和丈夫四处奔波，为儿子寻找康复之路。经邹小兵教授介绍，我们找到陆园长，为儿子找到了"融合共生教育"的成长之路。

陆园长把我儿子安排入读大良万圣怡幼儿园，在她的建议下，我也成了一名全职陪读妈妈。

一开始，我是茫然的，儿子也是怯生生的，即使有我在身边，他依然抗拒幼儿园的一切人和事。看着儿子惊恐不安的样子，我不知所措，一度想要放弃。陆园长严肃地对我说："绝不能放弃，放弃了孩子就完了，坚持下去就会好的。"在陆园长指导下，我调整心态，改变方法，不再强求他做事。教师们想尽办法取得他的信任，帮助他建立安全感，引导小伙伴与他一起游戏。儿子被接纳后，我内心变得坦然，与教师们交流更畅通。在这样融洽的气氛中，儿子终于慢慢放下戒心，渐渐地适应幼儿园的生活，开始留意身边的人和事。

三、从陪伴到专业支持

在大良万圣怡幼儿园，孩子有了明显的进步。陪伴过程中我渐渐发现，单纯的陪伴不足以让孩子真正融入集体。我接受陆园长建议，决定让儿子上午在幼儿园进行"融合共生教育"，下午去康复机构训练，晚上居家干预，实行家、园、康复三结合。陪读时，我细心观察孩子们之间的互动，了解这个年龄段孩子的交往方式，学习教师的教学方法。儿子在康复机构训练时，我则阅读专业书籍，观摩康复师的实操。晚上，我结合幼儿园和康复机构学习到的知识、技巧，创造和抓住干预机会。

我积极参加专业培训，至此才知道障碍认定并没有那么可怕，孩子的种种状况有原因，也有缓解策略，渐渐地我能开展针对性居家干预，帮助儿子解决生活难题。功夫不负有心人，儿子从模仿说到主动表达，交上第一位好朋友，和教师互动，课堂上能跟随老师节奏，一点点的进步，这样的收获真好！

一年后，我只需要在室外陪读，在过渡环节和户外活动介入，后来按计划逐步撤退。读完中班，儿子终于可以独立上大班了。

四、成为特殊教育资源教师

理论与实践相结合，我对儿子的干预逐渐得心应手，我的进步影响到身边一些"星儿"家长，慢慢有家长向我咨询训练方法，她们主动加入学习，我们已成为孩子康复路上的战友。

2016年，我加入顺德机幼优秀团队，从陪读家长成为特殊教育资源教师。我一直在努力学习，考到了康复教育上岗证、家庭教育指导师资格证，获得特殊儿童评估员资格，成为顺德区特殊教育巡回指导教师。我希望能用专业的知识帮助到更多有需要的孩子和家庭，让家长们对孩子重拾希望，给孩子一个参与未来的机会。

　　孩子的改变就是家长最大的希望。我的经历让我对这份职业有了别人没有的情感，从业7年来，很多特殊儿童家长都愿意向我敞开心扉，在我的鼓励下改变自己，与孩子一起面对未来。

　　回首过往，13年来我经历过人生的绝境、跌宕，才发现自己比想象的更加勇敢、坚韧。今天最想说的是感恩，感恩陆园长，感谢您在我儿子每一个转折点，为我们点亮明灯，指引方向，感恩每一位接纳和促进我儿子进步的园长、教师，感恩所有让我们成长的人。

成宁丹

顺德机关幼儿园教师

一生向阳

草木会发芽/孩子会长大/岁月的列车/不为谁停下/我们啊 像种子一样/一生向阳/在这片土壤/随万物生长

对于ASD（孤独症谱系障碍）孩子来说，什么是最有用的爱呢？那就是来自家庭和集体无条件的理解和尊重，这是对孩子最有力的支撑，也是我们帮助孩子打开世界大门的钥匙。

爱，是真情实意，无条件付出。我儿子小淳读普通小学二年级，在成长过程中就是这样被父母、祖辈、园长、校长、教师、同学支持和陪伴着。

小淳爱笑，笑起来有四个小酒窝，路人遇见也会多看他几眼。1岁半前，小淳每项技能、指标都按部就班发展。但外公、爸爸最早发现小淳不太喜欢对视，我也慢慢发现小淳不关注别人，叫他名字少有反应，不知道分享，自主语言也很少。小淳2岁多，完全不跟同龄人互动，害怕荡秋千、玩滑梯。

我们带小淳到医院儿科保健做例行检查，医生说疑似ASD，让我们马上干预。受外婆异于常人的执行力鼓舞，全家人集体学习邹小兵、郭延庆专栏内容，学习aba（应用行为分析）、地板时光、also（中国自闭症家庭评估）等平台的知识，带不同的玩具和食物吸引小淳，教他用手指物，跟他提要求教说话。外公外婆还带小淳去小区公园扎堆，有意拉近家长关系，争取孩子间更多来往。尽管这样，小淳一直都无法学会社交。

全家秉承邹小兵教授"除了睡觉，一刻都不让孩子闲着"的干预理念，用的就是教普通孩子的方法，调成 0.1 倍速，一点点拆解，日积月累，上百成千次训练小淳。

小淳入读幼儿园，如料想中的不顺利，先是在家附近的公立幼儿园，没多久教师建议我们去机构干预。此时我们才意识到，3 岁半前在家干预、康复可能效果不佳。我们没有半点纠结，通过医生专业判断和引荐，选了两家机构双管齐下，干预策略都以游戏与文化介入疗法（简称"PCI"）为主，一家侧重 aba，另一家则以地板时光和感统干预为主。

干预过程中，我们发现小淳记忆力好，热爱阅读、英语和绘画，我们帮助他挖掘周边爱好，还报读了蒙氏园。小淳 4 岁多，适应性有了进步，能融入班级活动，在园里可稳定待上一天，不过语言表达单调，以提问代替祈使，不分"你我他"，兴趣依然狭隘，但刻板行为有所缓解。我们与专业特殊教育老师深度沟通，达成共识，认为小淳最好到普通幼儿园去进行融合教育。经华南师范大学自闭症研究中心何老

师引荐，我们遇到了对小淳和我全家影响深远的陆园长。与陆园长第一次相见，我们就被园长的个人魅力和特殊教育理念深深打动，当天决定送小淳入读大良万圣怡幼儿园。尽管离家50多公里，我们认定这是一所神奇而有魔力的幼儿园。

孩子入读一年，从严重挑食到尝试蔬菜点心；从抗拒回幼儿园到天天念着要去万圣怡；从缺少社交技巧到融入班集体，有集体荣誉感……这一年，大良万圣怡幼儿园的园长、教师，甚至厨房阿姨、保安叔叔的付出，我们全家人都看在眼里，记在心上。班主任梁美伦老师、副班主任杨庆江老师，保育员何老师，还有外教Craig，他们都对小淳的性格、习惯、爱好了如指掌，观察细致入微甚至超过家长。梁老师为小淳针对性制定教育目标和计划，教师和家长密切互动，给孩子的帮助，甚至超过我们的预期。比如设计"小太阳邮递员"，提升了孩子社交技巧；孩子不吃幼儿园的饭菜，厨房阿姨单独给他做愿意吃的菜；教师发动小朋友帮忙，小淳有更多展示机会。一切的一切，不胜枚举，这一年陆园长时刻关心着孩子，关心着我们家庭，用心良苦，深情厚谊，给我们全家带来前所未有的安全感，我们只能用"心静兰馨，知行合一"的锦旗表达对陆园长的崇敬、对大良万圣怡幼儿园的感谢！

　　小淳从大良万圣怡幼儿园毕业，陆园长仍不忘关心、支持，我们决定让孩子继续在顺德接受教育。小学开课前，陆园长马不停蹄帮我们多次与小学校长、教师沟通，学校组织班主任、科任教师与我们全家座谈。为了小淳，我们成立了一个"为了宝贝"微信群，群里有教师、家长和陆园长，大家天天沟通，陆园长随时指导，我们感动不已。

　　一路走来，今天总比昨天更好。我们知道陆园长非常忙，但我们还时常去找她讨教，汲取能量。忙碌成为陆园长的日常，她为那么多缘浅缘深的孩子奔走，心里装的是目之所及甚至目之所不及的"特殊需要"幼儿，一直践行初心，燃烧激情，释放温暖和光明，我们期待小淳健康成长，一生向阳，在未来的日子我们也能帮助和温暖更多需要帮助和温暖的人！

高洁

大良万圣怡幼儿园家长

67 特别的任务

2021年12月5日，我收到邹小兵教授一条长长的微信。他告知我，有个名叫汉汉的孩子，家在顺德，就读佛山某名校，常与同学发生冲突，导致课堂秩序无法正常维持，学校只得要求汉汉在家上网课，这种情况已持续一个学期。汉汉对他妈妈说，他的内心非常痛苦，而妈妈更加痛苦，因为儿子情况这么严重，做爸爸的却认为没问题，邹教授希望我能去帮帮孩子，帮帮这个家庭。

我回复邹教授，如果孩子父母愿意，我是乐意尝试的。虽然汉汉与我们幼儿园没任何关系，但看了邹教授的微信，我心里也很着急，于是立即行动，先约他们一家人在一个星期天到大良万圣怡幼儿园见面。当天上午，我们用了足足3个小时，与他们夫妇和汉汉对话和观察，我初步的结论是：汉汉非常聪明，说话有哲理、知识面广、记忆力强，甚至把学校的理念也背出来了，令我非常惊讶！但汉汉很难控制自己的情绪，容易冲动，有时甚至误伤同学。我把汉汉拉在身边，带他边参观幼儿园边聊天。汉汉父母也一直跟着我与孩子交流，临别时，汉汉爸爸对我说："陆园长，我今天才知道我和您的差别在哪里，我知道怎么做了，我会做个好爸爸，您放心，我不叫您陆园长了，就叫陆老师！"我拍拍他肩膀笑了。在两个多月时间里，我先后三次邀请他们分别到大良万圣怡幼儿园、容桂东逸湾英伦幼儿园进一步了解各方面情况，观察孩子的表现方式，从各个角度与孩子聊生活中感兴趣的事情，还聊蒙台梭利教育，聊中外教育。原来汉汉看了很多书，孔子、颜渊、苏轼、鲁迅、藤野先生、陶行知的观点，他都可以娓娓道来，听着听着，我真自愧不如。汉汉行为古怪，麻烦得令很多人头疼，但我非常喜欢他的单纯。我还两次去汉汉家，与他单独交流，教他简单的社交技巧，他都能接受和学习。汉汉房间有很多书，这是很少同龄人能做到的，难怪他知识面那么广。

我综合了解汉汉的情况后，向佛山市教育局基教科进行了汇报。根据杨科长安排，由市教育局何智芳老师陪我一同前往汉汉学校，与学校相关主任、教师交流孩子的问题，商量解决办法，我还在汉汉班上给同学们做了一次宣讲。离开课室时，一个名叫菲菲的女同学追出课室对我说："陆园长，听了您的话，我对汉汉的行为明白了很多。"我说："你真是一个爱思考的好学生，我希望你以后能当教师。"后来，我又想办法帮汉汉从佛山转到顺德北滘君兰中学。

在君兰中学，汉汉仍与同学发生冲突，也曾被要求停课在家，但庆幸的是，他遇到了大爱包容的张校长和班主任曾老师。我多次与张

校长和曾老师交流，曾老师说，他理解患阿斯伯格综合征的孩子，因此能适当及时给予汉汉特殊照顾。

汉汉爸爸对儿子比过去更关心更注重陪伴，妈妈也经常来电来信向我倾诉，孩子也在一天天变化进步。

2022年元旦，汉汉给我发来一封感谢信，信中用了很多感谢、颂扬的词句，汉汉的知识面果然比同龄人广博得多。2023年中考，汉汉以600分的成绩被顺德莘村中学录取。第一学期过去，他妈妈又向我报喜，汉汉期末考试成绩在班里名列前茅，我与其父母同样惊喜！这成绩对于汉汉来说相当不简单，因为他在校时间比其他同学少得多。

68 "特儿"一百卅

2019年，中国第五届教育创新成果公益博览会在珠海国际会展中心举办，顺德机幼及分园"融合共生教育"成果被选上，我受邀在分会场作主题分享，题目是《把握最佳干预时间，赢得最大"抢救"价值》。

2000年初，顺德机幼开始接纳第一个"特殊需要"幼儿，至现在，我的手机里还保存着这些孩子的名字和家长的联系方式，不管这些孩子是在幼儿园，还是上了小学、中学，对特别需要关注的孩子，我仍会腾出时间到他们的学校跟踪，与校长和有关负责人、班主任交流孩子的情况。

10多年前，顺德机幼还与"特殊需要"幼儿的家长建立了一个阳光工作站，群里有130多人，包括家长、园长和教师，大家随时发布信息、分享经验等。经统计，这些孩子从幼儿园毕业后，95%能进入小学、中学，甚至大学读书，只有5%的孩子入读特殊学校。

2023年，一位家长向我报喜：正辉在广东海洋大学毕业了。刚进入2024年，我又接到另一位家长的喜讯：丰丰在广州大学本科毕业，被英属哥伦比亚大学录取，准备攻读研究生。这位妈妈告诉我，这可是儿子最心仪的大学呢！这两个孩子正是我在《孩子，我们的至爱》一书中关注得最多的"奇孩子"。

"特殊需要"幼儿融入普通孩子的生活

20多年救助130多个特殊家庭

陆园长明白，"特殊需要"幼儿将给家庭增加无限麻烦和痛苦，但如果干预培养得好，有些孩子可能成为国家的宝贵财富。陆园长接纳"特殊需要"幼儿，在幼儿园坚持融合教育，还邀请中山大学第三附属医院邹小兵教授来顺德机幼诊断和指导，说服"特殊需要"幼儿的家长来幼儿园陪读，其团队达成共识，以开放的心态，用满怀的热情和真诚，给每个孩子公平又有质量的教育。

陆园长开展融合教育20多年，救助了130多个特殊家庭，这巨大的努力和付出，赢得了广大家长的感动和社会的尊敬。

林培淼

广州城建职业学院人文学院副教授

　　我一直认为，园长就是教师的班主任。园长爱教师，教师才会爱孩子，我把每一位教师当成自己的亲人看待，无论公事私事，一律看作自己的事。师资队伍建设，吸引和留住人才，既要在工作上严格要求，给机会，压担子，也要在生活上体贴关心。

　　我时时记住《易经》里的警句：德不配位，必有灾殃。

第六篇

师资建设·

69 两成男教师

招聘教师，我们坚持专业多样性。我们的教师有学前教育、小学教育、数学、音乐、体育、计算机等不同专业。我认为，这样的专业结构更有利于孩子成长。不是学前教育专业的，补考相关科目就可以了。各种专业的教师聚集在一起，显得特别活跃，观念新潮，思维敏捷，敢于大胆尝试新鲜事物。

我到顺德机幼任职后，一直想改变清一色女教师的现象，在同等条件下会以男教师优先的原则。机会终于来了，1995年，毕业于广西师范大学艺术系的赵国柱来到顺德机幼应聘。19岁的他英俊中还有少许稚气，我们大胆试用，一上岗便安排他当大班班主任。初出茅庐的赵国柱跟着有经验的级长边学边做，成为佛山市第一位带班男教师。

新学期开课第一天，孩子们都被这位帅气的大哥哥吸引，围在他身边不肯离开。那天放学回家，我女儿对我说的第一句话是："妈妈，我们班的赵老师很酷啊！"

国柱凭借艺术特长和性别优势，快速成长为一名出色的幼儿教师。国柱制作了一个大棋盘挂在课室里，一有空便教孩子们下棋。在户外活动时，他教孩子们练功夫、踢足球，那果敢、开朗的男子汉气质潜移默化地熏陶着孩子们的性格，他们特别喜欢和赵老师在一起。

国柱在顺德机幼从教近20年，先后获得顺德中小学幼儿园教师演讲比赛一等奖、顺德区幼儿教师体育课例比赛第一名、佛山市优秀教师称号，最后成长为顺德机幼分园园长，现在在佛山市一家教育集团担任高管。

林培淼，是我招录的第一个拥有学前教育专业研究生学历的男教师。有一年，我受邀出席华南师范大学粤港两地学前教育学术交流活动，该活动由华南师范大学学前教育系和香港教育学院共同组织，会议安排8人发言，其中有5位教授，2位在读研究生，从事一线学前教育的只有我一人。当时，林培淼作为华南师范大学研究生代表在会上分享，我们因此认识。活动结束后他问我，可否带几个同学来顺德机幼参观，我欣然答应，连说求之不得，随时欢迎。

后来，培淼带班长等5人一起来顺德，先后参观过顺德机幼、新城区机关幼儿园和大良万圣怡幼儿园，他们都表示希望毕业后能来机幼工作。我告诉他们，顺德机幼已改制，现在为民营性质，没有编制，资金有限，如果要接收也只能录用一位。后来，我招聘了培淼，安排他担任顺德机幼和分园园长助理。

培淼毕业前，早被广州、深圳、珠海等地的单位看中，但他最终

选择了顺德机幼。培淼家住广州，到顺德上班后，每天穿梭于广州、顺德两地，天天早出晚归。培淼不愧是研究生，他在开展数学课题研究、师资培训等方面卓有成效，能扎扎实实协助我及园长们完成各项重要任务，由他负责整理的顺德机幼教育成果分别获得顺德区、佛山市和广东省的教育成果一等奖，培淼功不可没。

1997年4月，我到上海华东师范大学招聘教师，经过面试招聘了男教师李光坤。

光坤是云南玉溪人，原本已在昆明某小学找到工作。当我们交流后，他改变主意，同年8月来到顺德机幼报到。

作为名牌大学优材生，光坤来到一个县级市幼儿园任教，当时很多人不理解，认为大材小用。光坤却说，外国不少幼儿园教师都是大学毕业后经严格考核才被录用的，他们的社会地位相当高，可见幼儿园教育的重要性。

有同事与光坤开玩笑，说过不了半年，您这男子汉的手也会变成兰花手。然而，光坤并没有被女同事同化，他孜孜不倦地探讨课程模式，设计教学方案，制定测试目标，把自己所学的理论知识运用于实践。他主持设计的各类主题活动，广受同事和家长欢迎。光坤提出，女教师也要像男教师那样，敢于给幼儿自由空间，让他们经受挫折磨炼。光坤喜欢打篮球，下班后，在顺德机幼的篮球场，常看到他和另外几位男同事的矫健身影。

刘率存毕业于佛山体校，我们也让他当班主任。有家长问他，你这样高大威猛，对着一群蹦蹦跳跳的"小豆豆"是什么感觉？率存说，他想给"小豆豆"带来健康和力量，开展游泳班就是一个很好的例证。孩子大多喜欢玩水，但真要他们下水却不那么容易，率存和孩子们跑跳嬉戏，耐心指导示范，终于让孩子们克服怕水心理。短短几周训练，孩子们就能在水中踩水、仰泳、打筋斗等。从怕水到爱水，这个过程锻炼了孩子们的意志，培养了他们敢于挑战自己的胆量和精神。不少家长反映，孩子经过游泳训练，不但活泼开朗，而且饭量也大了，连洗澡也坚持用冷水。有一位家长对我说："孩子以前一到换季就患病，现在变得生龙活虎，刘老师在幼儿园大有用武之地。"

赵国柱、林培淼、李光坤、刘率存、英国的Matt、菲律宾的Roman入职顺德机幼后，随后又陆续来了刘学、周玉坚、徐见、王乾丁、欧国忠、毛东艺、黄文锋、陆卫恒、傅敦亮、戴哲、曾健华、梁桥枝、戴茂林、方克进、陶可、代远强、陈勇波、江幸、虞朝运、黄庆来、Steve、Jeff、Joe、Cris、Turbat、Archie、Joel等一批中外男教师。在顺德机幼及分园这个大家庭，男教师占比20%，他们发挥了女教师不可取代的独特的作用。

拥有这么高比例男教师的幼儿园，这在全国也恐怕不多见。他们既是教师，又是哥哥，更像爸爸，他们的故事感动着家长、同事，深受孩子们喜欢。男外教也很优秀，特别敬业，在顺德机幼及分园工作8年以上的就有8位，其中来自英国的Matt做了足足20年。

男教师就是顺德机幼及分园的一张闪亮的名片。

我的本事都是在机幼炼成的

1997年5月，陆园长专程赴上海，在华东师范大学教育系挑选学前教育毕业生，我与她交流后达成聘用意向。这一年8月，我来到了"敢为天下先"的顺德。

现在想来，这就是缘分。我是云南玉溪人，1997年寒假，亲人帮我在昆明某小学找到一个职位，如果没有那次相遇，我现在最大可能是在昆明当小学老师。

我在顺德机幼工作了16年，先后担任过班主任、教研员和教研组长。直到2013年7月，因编制不能恢复而离开，我现在所有的"本事"，都是最初在顺德机幼炼成的。

陆园长是一位有教育情怀和慈悲心肠的好领导，我们平时都视她为女强人。她帮助过很多同事、家长和孩子。编外保育员梁小华18岁被查出恶性脑瘤，没有统筹医疗，陆园长组织全园教师、家长为她捐款，筹集手术费、治疗费十万元，还千方百计找到广东省人民医院最好的脑手术主刀教授，亲自去教授家里拜访致谢。

我们知道，陆园长经常口腔溃疡，身体不适，但她将责任当作支持自己身体力行的"盔甲"，从未在人前显露过犹豫和软弱！她的坚强、坚持、坚守，让我无比崇拜！

在追求学前教育的道路上，陆园长身上透露着一股不一样的韧劲，也不断显露她带领大家在教育改革实践中的创新成果。1997年，陆园长提出"把唯一的童年留给孩子"的办园理念和教育理想，随着《幼儿园教育指导纲要（试行）》《3-6岁儿童学习与发展指南》《幼儿园保育教育质量评估指南》等陆续出台，都显示出当年提出这一理念的前瞻性。举办毕业班亲子游，邀请天安门国旗护卫队退役旗手担任"红旗小军营"教官，在佛山幼教界率先践行"融合共生教育"，均为佛山幼教凸显了"敢为人先"的顺德人精神。

李光坤

佛山市机关幼儿园科研主任

70 一晚便定音

　　顺德机幼急需一位管理课题的人才，林培淼向我推荐了他的师妹乔文君。他说文君在石家庄工作时，人品、能力都非常不错。

　　那个时候，我正好准备参加在上海举办的幼教研讨会，于是给文君打电话，告诉她经林培淼介绍，知道她非常优秀，顺德机幼急需一位管理课题的教研员，我对她的条件非常满意，希望她请个假，在我开会前一晚，从石家庄飞到上海，在我入住的酒店见面交谈。

　　文君说，她白天上班，手头有很多事情，抽不出时间。我问她是不是在公办学校工作，她说是。我说："乔老师，您的想法也正常，只是传统了一点，听说您丈夫在佛山工作，来顺德不是刚刚好吗？您干脆向领导请个假，学校扣多少工资我就补多少，这不就解决问题了吗？这次上海之行可能会改变您的发展方向，不管结果如何，都没有关系，反正我渴望见您一面，希望您能飞来上海。"

　　文君终于接受了我的建议，果真按预定时间飞到上海。我们在酒店交流了一个晚上，看得出来，双方都满意。于是，当晚我就决定录用她。文君对这么快被决定录用表示惊讶，回单位后她马上提交了辞职报告，等事情交接好，文君立即到顺德机幼上班。

一个晚上面试录用，这就是文君入职顺德机幼的故事。文君第一学历是英语本科，后来又攻读了学前教育硕士研究生。她到岗后，实实在在给顺德机幼和分园帮上了大忙。

文君脾气特别好，不过是个典型的慢性子，开始时无法同时应对几件事，由此我也好几次批评过她。有一次她又听我批评后说："陆园长，我觉得自己很蠢。"我说："您不是蠢，而是您遇到的冲击太少。"她马上笑着说："那就让暴风雨来得更猛烈吧！"当时，我忍不住哈哈大笑。

说真的，我特别喜欢文君，性格温和，能力又强，对人对事真心实意，在顺德机幼及分园若干课题研究中，她是不可或缺的人才。这么多年，文君坚守在顺德机幼及分园，任职教研主任、家长学校主任，工作相当出色。

我和陆园长一见倾心

时光荏苒，转眼我来到顺德工作已十年有余。回想自己来到顺德的经历，不禁感慨万千。机缘巧合，我来顺德工作只是因为和陆园长的"一见倾心"。

　　2010年7月，我从华南师范大学教育科学学院学前教育专业研究生毕业后，回到了家乡石家庄一家幼教集团工作。2013年，我爱人南下佛山工作，我决定随夫生活，便委托广东的老师和同学帮忙留意工作机会。林培淼师兄很快联系我，并极力推荐我到顺德机幼。他告诉我，陆园长正好要去上海出差，如果我有兴趣的话，可以去上海见面，相信会有惊喜。师兄如此力荐，我当然想去看看这是怎样一位园长。无奈工作繁忙，事务又多，很难抽身，正在犹豫之际，接到陆园长的电话。电话那边，陆园长开导我如何安排事务，并说来回机票由顺德机幼负责，希望我能在上海见面交流，她的诚意打动了我。

　　于是，我订好到上海的机票，期待与这位园长的"约会"。那晚，我们一起用餐聊天，陆园长给人的感觉很亲切，没有一点陌生的感觉。她慈眉善目，机敏睿智，谈到幼儿园和孩子们，她的眼里满是光芒。我心想，这一定是一位十分热爱孩子、热爱教育的园长。从陆园长的描述中，我在脑海中勾勒出顺德机幼的面貌。这是一所珍视孩子童年的幼儿园，让孩子们体验各种丰富的活动，从中获得经验、增长见识、提高能力；这是一所不学写字和算术的幼儿园，陆园长重视培养孩子们良好的情感与习惯；这是广东第一所开设双语班，又让中外教师一起全天担任班主任的幼儿园；这是顺德第一所接纳"特殊需要"幼儿，而且还动员家长随班陪读的幼儿园。从陆园长的讲述中，我第一次了解到自闭症这个群体，也感受到陆园长对于这些孩子深深的爱和强烈的社会责任感。在顺德机幼，每一个孩子都是小演员、小小兵、升旗手、鼓乐手、运动员、小老板……红旗小军营、机幼圩日、民族服装日、快乐周末、全园混龄活动……陆园长娓娓道来，听得我很心动。一个小小的幼儿园竟然有这么多丰富的活动，孩子们在这样的环境中生活和学习该是多么的幸福，他们可以自主探索、尽情游戏、天马行空。我心里想，这不就是我们中国的"瑞吉欧"幼儿园吗？在这样的幼儿园里，孩子们一定是灵动的、自由的、活跃的、富有创造力的。对于眼前的这位陆园长，我已经开始佩服得五体投地，想要对她和她的幼儿园了解更多。在接下来的两天，我和陆园长一起参加了上海的培训活动，参观了当地的两所幼儿园，我发现陆园长是一位非常爱学习的园长，她的笔记本上记录得密密麻麻，听课总是很认真，提问总是很积极，走路总是风风火火，完全看不出是一位已经60岁的老园长。两天培训的行程紧张，陆园长没有表现出一丝疲倦，总是神采奕

奕，和当地的专家、教师、园长不停地交流，她让我看到了一位真心热爱孩子、热爱教育的老园长，一位儿童观和教育理念科学超前的老园长，一位社会责任感强烈的老园长，也是一位真正的儿童教育家。

就这样，上海之行让我对这位陆园长"一见倾心"。当即，我便决定要奔向这位睿智有大爱的陆园长。暑假过后，我来到顺德机幼报到。

入职顺德机幼后，对陆园长有了更多、更加立体的了解，也从她身上学到了很多东西。

我发现，陆园长不仅热爱幼儿园的每一个孩子，也爱幼儿园的每一位员工。不管谁遇到难事，只要知道，她一定全力帮忙，她就是这样一位让人倍感温暖的园长。

我发现，陆园长努力为"特殊需要"幼儿和家长奔走相告，争取资源，极力推动融合教育。她是一位融合教育的倡导者和践行者。

我发现，陆园长高瞻远瞩，思维清晰，重视教育科研，以研促教。早在2012年就申请了省教育科学规划课题《全纳教育背景下随班就读的实践研究》，希望通过科学规范的研究推动融合教育实践，总结融合教育经验成果。

我发现，陆园长雷厉风行，一马当先，总是主动承担责任。有家长投诉的时候，她也总是第一时间联系家长，积极回应，解决家长的疑惑和问题。

时至今日，我仍对陆园长一见"倾心"。

乔文君

顺德机关幼儿园教研主任

71 亲人般关心

我关心所有的同事，不论教师、保育员，还是后勤人员。我关心他们的工作、学习、生活、家庭、子女读书等，只要我能做到的，一定会想办法解决问题，即使无法解决问题的，也会尽最大努力做到，只因为我们幼儿园是个大家庭。

每逢传统节日，我坚持为每所幼儿园的保安送去节日礼物和心意。

我重视教师们的健康，每年举办教职工运动会。我支持男教师组

织男教师联盟，组建篮球队，和家长、同行在幼儿园篮球场举办联谊赛；鼓励女教师参加健美操队、瑜伽队，我常对她们说："想美，就多走路，多运动。"

男教师要养家糊口，责任重大，因此我提议给予男教师特别照顾。他们在顺德首次购房或装修，如果有需要，经申请审批，给予一次性5万元免息借款，以后逐月归还。

当有同事遭遇情感危机，家庭濒临破裂时，我一次次走进她们的家庭，与其丈夫、妻子、婆婆、妹妹沟通了解，80%重修于好。有位经常帮助顺德机幼的教师，我也视她为同事。当她告诉我家庭出现情感困扰时，我安排她在我妹妹空置的房子里住了三天，然后我找她丈夫聊了两个晚上，说明情况，分析原因，提出建议，最后消除误会，使两人感情更加稳定，生活和谐。

有些教师家里遇到困难，特别是家人生病，经济上周转不了，需要向幼儿园借款。我说，幼儿园是不能借款的，如果你有困难，我可以免息借给你，写张借条就行。这些年，有20多位同事向我借过款，其中包括3位外教，总金额超过50万元，虽然数额不大，但的确也为他们解了燃眉之急。

全体同事一心扑在工作上，离不开他们家人的支持，我感谢同事，也感谢他们的家人。于是我提议每年"六一"儿童节后，慰问教职工家属，奖励他们各方面取得成绩的子女。几个幼儿园的教职工和家属欢聚一堂，互相交流生活心得。一位同事丈夫是某银行行

给获得奖励的教工子女麦婧昕（右二）颁奖

长，他对我说："不要说您的同事有归属感，就连我作为家属都有归属感。"

顺德机幼改制前，有一些45岁或工作25年以上的同事想申请提前退休，但前提是必须在顺德工作10年以上。按理，我按规定执行就好了，但我认为，政府能有这种优惠政策非常难得。于是，我全然抛开过去在工作上被误会、被责骂的情景，一个个为他们顺利办好退休手续。

我一直记挂退休的同事，为了让他们常回家看看，每个月定时邀请40多位退休同事喝茶。老同事都知道幼儿园资金有限，就说："陆园长，不要喝茶了吧，很多单位都取消这个内容，没茶喝了。"我笑着说："要喝的，如果你们现在没茶喝，那我以后退休也没茶喝啦！"说

得大家哈哈大笑。逢年过节，幼儿园一定会送上慰问金和礼品，老同事生病、去世，幼儿园也一定安排工会的同事上门慰问患者或家属。

我提出"老有所养，老有所托"的观点，养靠政府的退休金，托靠幼儿园的精神食粮。敬老爱幼，在我们幼儿园一直得到了传承。

从外省来的男教师王健患有肾结石，医生建议他做手术。我听到这个情况后，劝他先不要做手术，等我了解一下中医有什么良方，试一试再定。我同学江怀英校长研究《黄帝内经》30多年，她建议我尝试用以下方法治疗：用清水浸泡5斤石螺两三天，让石螺把泥浆吐干净，然后把石螺拍碎，再用两块大姜炒石螺肉，加半斤瘦肉，放3斤开水煲成一壶汤，分若干次喝完，坚持10天。我用这个偏方，每天煲好汤，送王健当茶喝，他的肾结石果然排出来了。

两年后，已离开顺德机幼的王健告诉我，他考进了星海音乐学院。又过了两年，正在开会的我突然接到一个电话。对方兴奋地说："陆园长，我是王健啊，今天清理东西，突然看到了您的另外一个电话号码，非常开心，于是打电话确认一下。"那一刻，我的心里充满暖意。从这以后，王健一直和我保持联系。

男同事傅敦亮25岁出水痘，连续两天发高烧，特别痛苦。敦亮是独生子，老家在梅州，他妈听说儿子出水痘，又发高烧，十分着急，让他马上请假回老家治疗调理。我听到这个消息，对敦亮说："回家时间长，路途遥远，等我请教中医吧。"结果，还是我的同学江怀英校长给我开了一个"四豆汤"方子：用患者的手抓黄豆、黑豆、绿豆、淡豆豉各一把，放在一起加5至6碗水煮，水开后用慢火煎50分钟，每天喝两次。我连续煲了4天，送到他宿舍，他喝到第2天开始退烧，到第3天，水痘已慢慢消失。几年后，敦亮回梅州当上某幼儿园副园长。2019年，敦亮结婚，他专门租了大巴，安排好酒店，邀请顺德机幼几十位同事前去喝喜酒兼旅游。现在的他，又当上另一所幼儿园的正园长，每年中秋节，我们还能品尝到他寄来的梅州柚子呢。

遇上外国教师感冒发烧，我都向他们介绍"葱豉汤"。若他们相信，我也会亲自煲好送上，当然只要他们喝了，都是有效的。

72 培训下功夫

在顺德教育局管理幼教工作9年，我每年都会放弃寒、暑假，选择利用顺德机幼这个阵地，邀请各方专家资源做好教师培训。我想办法邀请广州幼儿师范学校培训部的周炬原主任，以及叶碧青、马冰、曾立平等教师到顺德培训农村幼师，请顺德机幼的严碧玉老师，顺德一中、华侨中学、顺德师范等学校的音乐、美术、舞蹈教师培训农村幼

师，还在顺德师范开办了一期园长上岗培训班，在顺德教师进修学校举办了几期幼师培训班。

到顺德机幼工作后，我把工作重点放在教职工素质教育培养上，做到全员覆盖，我坚持每两个月与全体教职工集中交流一次。这么多年，我们的教师还走到省内先进城市，分期、分批到北京、南京、上海等大城市的优质幼儿园参观或跟岗学习。

我经常讲教育要有过硬的"三本"：本质、本领、本钱（健康）。复旦大学新闻学院李良荣教授有本著作叫《常忆我的恩师王中》，我引用其中的故事，说王中最宝贵的品质就是讲真话，如同巴金一样，他最突出的品质也是讲真话。陶行知说，"千教万教，教人求真，千学万学，学做真人"。我经常提醒同事要"做真人、说真话、干真事"。

我说要把习主席的"四有"教师落实到具体的"八有"要求，那

与同事们做业务交流

就是：脑有理念，眼有孩子，口有妙语，手有技能，心有疑问，做有反思，研有成效，人有魅力。

喜欢独立思考的个性决定了我的办园风格，不做假，不务虚，不图表面，认认真真，扎扎实实。既重理论学习，也重实践研究，更重总结提炼。我与同事们一起，整理编辑了好几本书，也正式出版了3本书。我们每学期的大型活动都是几所幼儿园联合举办的。为了提高大家的综合能力，我要求各园轮流统筹策划、组织实施，从园长到中层，大家都参与其中，所以人人都能得到很好的锻炼和提升。

73 支招给机会

几十年来，我对身边的园长，不忘手把手培养，对教师们的业务指导、个人发展规划我也是适时支招。

有三位男教师，初入行时，教学工作和班务管理都束手无策，园长、搭档都很头疼。最后，有两位还先后被顺德机幼分园的副园长辞退了。

通常情况，新入行的男教师的确没有女教师那么好带和快上手，就如同养育男孩和女孩的方法存在差别是一样的道理。

此园长不肯留下他们，我只能说服彼园长再给机会。前期辞退的一位安排在顺德机关幼儿园，后期辞退的一位安排在大良万圣怡幼儿园。我亲自认真地与这两位同事详谈，总结其长处，对他们最致命的工作态度毫不客气提出批评，教给他们合适的方法，希望他们珍惜机会，放下包袱，振作精神好好干……

在园长们和保教室同事手把手的帮助下，这两位男教师非常争气，他们都慢慢成长，成为孩子喜欢、家长信任、搭档满意的好教师！

特别是傅敦亮，他告诉我，在顺德机幼工作9年后回老家当上副园长，也是学我的方法，同样包容和帮助那些有缺点的同事。我听后十分欣慰，给机会是非同一般的信任。

男教师黄文锋是家里的老大，他爸爸常年生病，两次出现病危，家中经济一度陷入困境。黄文锋无奈，只得提出辞职，说要出去和朋友一起做绿化园林的生意。我了解到情况后，两次与黄文锋详谈，给他分析到外面创业的风险，强调在幼儿园工作的优势。我说，如果经济上有困难，我可以借钱应急，不要太担心。

文锋深思熟虑后，决定仍留在幼儿园工作。一年后，文锋告诉我，朋友经营绿化园林的生意失败，他幸好听从了我的劝告，否则血本无归，凄惨收场。

两年后，我把文锋从大良万圣怡幼儿园调到容桂东逸湾英伦幼儿园任大班级级长，适时给他压担子，他积极探索融合教育方法，我也经常给他出谋划策。黄文锋很快成长起来，不但是容桂东逸湾英伦幼儿园名师培养对象，还在容桂街道、顺德区、佛山市青年教师教学技能大赛荣获特等奖，晋级广东省决赛荣获二等奖，获评佛山市"十大教学能手"称号。

陆园长的鼓励推动我不断成长

2006年，我从江门幼儿师范学校毕业后就一直跟着陆园长。17年幼教生涯中，经常看到陆园长对年轻教师的关心、鼓励和帮助，而我便是其中一个。陆园长的关心、鼓励，让我的人生及家庭都有了很大的改变。如果我入职时的领导不是陆园长，可能也没有现在的我。

回想当年刚工作时，我才带班就感受到幼儿教师这份工作的不易。看其他教师上课似乎很简单，流程就几步，但真正把孩子交给我便犯了难。不会制定学期计划，不会开展主题教学，不会管理班务，更不知如何带孩子，辛辛苦苦备好课却经常在课堂上忘记简单的步骤。

一年后，与我一同上岗的好朋友被调到另一所幼儿园。陆园长把我叫到办公室，她肯定我的努力，叮嘱我多学习，发挥男教师的优势和特点，她相信我会做得更出

色。当时，我深感陆园长对我的鼓励及期待，我把这一年的辛苦和不愉快都抛之脑后，决心振作起来。

我的家庭是"穷三代"，读书的钱全是向亲戚借的。我参加工作后，母亲从不催我往家里寄钱，只是用她那微不足道的薪水默默地去还"贷学金"。慢慢地，我学会了省吃俭用，时不时向家里寄一些钱，以缓减家里的经济压力。

很不幸，父亲中风，医疗费十几万元，这对于我们来说真是晴天霹雳。正在我不知所措时，陆园长又把我叫到办公室借钱给我，说看病要紧，钱可以慢慢还。陆园长对我的鼓励和对我家人的关心，让我对幼儿园有了更多归属感，下决心一定要好好干。

自从父亲中风后，家里就少了一个劳动力，二弟没有稳定的工作，三弟正在上学，导致家庭经济压力越来越大。看着母亲的身体日益疲惫，我有了辞职回家做生意的想法。陆园长耐心地分析了我的家庭情况及当下从商的风险，特别强调如果生意失败，家庭的困难将会更大。同时，陆园长也对我的幼教之路做了具体的规划，鼓励我安心工作，她说幼儿园就是我的后盾，家庭有困难，幼儿园会提供合适的帮助。

陆园长的一次次鼓励，使我不断调整思路，工作更投入，也有了更远的目标和更大的动力。带着这种自信，我接受了有"特殊需要"幼儿的班级。当融合班班主任共13年，努力帮助了十几个"特殊需要"幼儿。我从班主任逐渐成长为级长，带领级组同事不断创新突破；我成为容桂东逸湾英伦幼儿园的名师培养对象，努力发挥自己的才能，不断取得工作成绩；我参加广东省第三届青年教师教学技能大赛，用我从教多年的经验和方法，在大家的帮助下过五关斩六将，从容桂街道到顺德区再到佛山市，一路获得特等奖而进入广东省的决赛，最终获得二等奖。

从教多年，我一直深受陆园长的影响。所以，当班上有"特殊需要"幼儿，我也同样包容、关心、爱护，努力钻研，想方设法去促进这些孩子不断进步。

黄文锋

容桂东逸湾英伦幼儿园教师

74 管理重细节

教育无小事，事事有学问。《细节决定成败》一书对细节有很具体的阐述，我也一样，特别重视细节管理。

从20多年前开始，凡有新教职工入职，我们一定要安排岗前培训，从培养方向到制度再到园文化建设具体明确，就连衣着、指甲、礼貌也提出要求。如男教师上班，除了带孩子运动的时间外，一定要穿有领子的衣服，不能穿沙滩裤之类的休闲服装。在课室组织活动，所有教工不能留长指甲。女教师不能穿低胸、无袖、暴露的衣服，不穿高跟鞋。

有一天早会，我一眼望去，只见两位男教师的衣着不符合要求，一位穿着沙滩裤，另一位穿着无领子的休闲服，而其他男教师衣着都很标准。我请穿着规范的男教师黄文锋出来展示："大家看，男老师这样的穿着才合适、得体。"我同时请穿沙滩裤的庆来出来比较对照，并对大家说："上班不能穿得太休闲，穿沙滩裤肯定是不行的，请大家按幼儿园的要求做好。"散会后，庆来留下来当众"抗议"："陆园长，我有意见，为什么要求男老师天天穿有衣领的上衣和长裤呢？我们是幼儿园老师，整天追着孩子跑，热死人了。"我说："你在户外和孩子们活动，可以这样穿，但一到课室上课，一定要按要求。"庆来听了还是有些不服气，说这样不是很麻烦吗？我说："你有意见不服气没问题，我们再找个时间好好聊聊，但今天要先服从。"

为了这个问题，我分别问过幼儿园、小学、中学的男教师，也问过在企业工作的男家长，大家一致认为我的要求是合理的。家长梁定禧说："如果让我穿无领的衣服上班，感觉怪怪的，非常不自在。"

之后，我安排时间找庆来聊天，先向他道歉，说那天当着大家的面提出批评不太合适，然后说："老师衣着要合乎标准规范，因为我们教育孩子，要让他们从小学会社交礼仪，什么时候该穿什么衣服，都是非常有讲究的，老师的言行举止时时刻刻都在为孩子作示范……"谈到最后，庆来明白了道理，心里服了，从此按要求穿着。

要求孩子每周剪指甲，既是安全需要，也是卫生需要。同理，我也要求全体教职工每周剪短指甲。为了落实这个要求，每天早会，大家都要自查双手有没有留长指甲，或者请身边的同事看一看，这就叫自律和他律相结合。园长也不例外，我从不留长指甲，所有人都要为孩子们树立榜样。

有一次，我在广州参加一个幼教会议，10位园长围坐一桌吃饭。

我看到好几位园长不但留了长指甲，还染了红色，我很不理解，便笑着问："你们当园长的，可以留长指甲和染指甲吗？"一位园长回应我说："老师要带班，不能留长指甲，而园长不带班呢。"我说："园长是老师的班主任呢！"园长们一听都笑了，那位园长接着说："下次见到您，我们都不会留长指甲了。"

给孩子开餐前，我要求女教师要把长头发扎起来，避免头屑和头发掉进饭菜里。教师们在教职工餐厅进餐盛饭时，我也提示大家不能"挖洞"，要顾及下一位吃饭的同事。尤其是冬季，如果不注意，饭很快就凉了，因此装完自己的饭，一定要把饭拨平。20多年前，饭是由厨房同事预先分装好的，当我发现有人把剩饭剩菜随意倒掉，感到非常心痛，于是提议教职工自己装饭，吃多少装多少。装饭盛汤时，锅盖揭起后要反过来放，以免沾上灰尘。一些同事装饭很不小心，常把饭粒遗落桌面。对此，我会连续多天拍照公示，直至消除这种现象为止。我还让炊事员在旁边放一个干净的盆，如果同事感觉自己的菜多得吃不完，可以先拨出来放进盆里，吃完若不够再取，总之不要浪费食物。餐后每个人都要把自己餐具里的剩余食物全部清理干净，再用水简单冲一下，减少炊事员的麻烦。

20多年前，我们就已提倡环保节约，把印过一面的废纸存起来，当有打印、复印需要的时候，再二次使用。我们在洗手间的洗手盆旁边放两个盆子，墙上明确提示：请用洗手的水冲厕所。毕竟淡水资源太缺了。每天下班，教师一定要拉下电闸，既能节约用电，也为确保安全。

另外，我要求全体同事重视观察，及时发现问题。我提出，每到一处停3秒。带班时手机要集中在课室放置好，不能接打电话等。

一个刚从德国回来的女孩Lea，非常抗拒幼儿园的蹲厕，故每天大小便都忍着。我知道这一情况后，特许Lea到我办公室洗手间用座厕。为此事，她妈妈还专门写了一篇文章。

有一天，新城区机关幼儿园大班一个叫彤彤的孩子来问我："上星期五为什么没有自助餐？""真的没有吗？"孩子肯定地说没有。我感到奇怪，去找保健医生关长青了解情况，关医生说因为上周五天气转冷，不适合吃自助餐，所以改为平常的菜谱。我对关医生说，这个调整是对的，但要提前发个通知，让班主任对孩子们讲明白。我还笑着说："孩子也有知情权，记得天暖时补上自助餐啊！"

我了解实情后，又马上到彤彤班上告诉她没吃自助餐的原因，并说天暖时会补上的，彤彤开心地笑了。

每个细节，我都重视规范；每个问题，我都想办法解决。20多年前，我在《顺德报》（教育版）做了个专栏，连续发表短文，专栏就叫《教育就这么琐碎》。

Lea 如厕记

由于国情不同，习惯不同，中国和德国的最大区别就是如厕问题。

蹲便——这在德国人眼中算是非常有中国特色的了。

我有个德国学生，从没来过中国，大学快毕业前选择到中国南昌的一所私立学校作为英语外教实习，回去后她写了一篇文章，名为《我的中国历险记》，发表在当地报纸上。其中关于厕所，她写道："中国的厕所不是坐在上面方便的冲水马桶，而是在地上挖一个洞。"熟人看过后纷纷向我求证，并对此感到不可思议。我只好一边耐心地给他们讲解，一边恨恨地想："这个Sabine，怎可以如此丑化我们！"

一个二十几岁的德国大学生会对蹲便感到新奇，而出生并在德国生活几年的Lea，更是从来没有见过这等事物。于是麻烦就来了：她不肯也不会使用蹲厕解决问题。

结果就是开始憋尿，实在忍不住了，就尿湿裤子。陆园长听说了，坚决反对憋尿行为，因为这对健康有害。于是，Lea开始使用设在园长办公室里全园唯一的座厕，享受起了园长级待遇。

这怎么行？！蹲便并不难，4岁半的孩子完全有能力自己蹲便，而且她不应该如此特殊。如果一直使用园长办公室的座厕，这对Lea并不是一件好事。

经过和教师沟通，我们一致采取一个办法，那就是——练习。在家里，我给她做思想工作，给她鼓励；在幼儿园，教师同样为她加油，并经常帮助和表扬她。经过这些后，她终于能使用蹲厕了！我和教师们都松了一口气，可问题并没有完全解决。

在德国，每个厕间都是独立带门的，而幼儿园蹲便却是开放式的，这又使Lea感到十分不适应。于是要求每次上厕所时必须"清场"，所有的人都不可以进来，还要关上厕所的大门，即使陪她进来的教师也要背转身。

人不大，还蛮"封建"呢！

在这里，我要格外感谢各位教师给予Lea足够的耐心和爱心，尤其开始几次她尿湿裤子，教师们没有任何不满，而是给她换好干净的裤子，又将湿裤子洗得干干净净放回书包里，还不忘继续给她加油，给她帮助。我知道，如果没有教师们多次表扬和夸奖，多次开导和鼓励，Lea是很难在一周之内完成这个转变的。

——此文选自Lea妈妈的日记

75 留下共进退

20世纪90年代末，全国各地很多公办幼儿园改制，顺德也不例外。当时顺德市属幼儿园有三所，即顺德机关幼儿园、顺德梁銶琚夫人幼儿园、顺德机关托儿所。1999年至2000年，这三所幼儿园实行改制。

幼儿园改制，铁饭碗没了，前途未卜，如何走好后面的路？作为园长，我脑海里一片空白，眼前一片茫然。

按照本意，我不想参与这次改制，于是写了一封长信，送到当时的市委书记陈用志手中，请求他重新考虑安排我回机关工作，哪怕当勤杂工也无所谓。

陈书记马上安排副书记杨肖英在腊月廿八召集政府办、财政局、教育局、妇联等部门有关领导开会研究相关问题，当时我也参加了。会上研究了几个重要问题：一是根据幼儿园提供的日常开支说明，提高学费（保教费）标准；二是合理收取场地租金，我当时提出是否可以参照外国在中国建大使馆租地每平方米一美元的做法，也可以以每平方米一元人民币租赁，以示所有权归属和公有资产不能改变用途；三是招生问题；四是资产处理问题等。政府办公室经过多次调查研究，对上述几个问题做出了决策：第一，学费（保教费）从原来每学期收1500元提至5000元；第二，幼儿园房产、地产总面积每平方米每月租金一元；第三，每年先招收政府机关工作人员的子女，有多余学位再向社会开放；第四，资产处理，去除低值易耗的设备设施，由新接手的承办者与其团队共同出资购买，办园性质为民办非企业，由顺德教育局实行行业管理。

按照这样的基调和原则，顺德机幼完成了改制，但领导没有批准我调回机关的请求，以至我经历了两个多月的痛苦煎熬。市委副书记杨肖英为了解除我的后顾之忧，希望我先办理退休手续，保留副局职级待遇，然后再继续管理顺德机幼。我认为这样不行，杨副书记问为什么，我说若办理了退休手续，只有我一个人有保障，其他同事都像浮在水面，不知彼岸在哪，我在同事面前肯定没有号召力。所以，如果办理了退休手续，我就离开顺德机幼，否则就不能办。杨副书记听了，只好说："阿崧，那就难为你了。"我的心情很复杂，禁不住流下眼泪。

在2000年学期总结会上，我公开表态："我决定留下来，与大家同舟共济！"话音一落，会场响起热烈的掌声，我再一次忍不住哭了。

改制多年后，国家机关事务管理局几位领导来顺德考察，在何少敏副秘书长陪同下参观顺德机幼，他们听完我的汇报，称赞顺德市委、市政府能切合实际客观公正处理好改制问题。

2020年，顺德机幼又从民办回归公办，我和全体同事把全部设备设施无偿送给了政府。

76 开办"双语班"

顺德机幼改制后，政府断粮，自负盈亏，我得想办法寻求出路。

2000年，顺德成为全省率先基本实现现代化试点市，开始实施国际化战略，与国际接轨成为时代潮流。在这个时代大背景下，顺德不少家庭流行到港澳、国外旅游，甚至出国定居，英语成为学习热门。我从中受到启发，看到契机，决定在顺德机幼开设"双语班"，聘请外教让孩子们同时学习母语和英语。

我到市教育局把想法向叶盛和局长汇报，没想到他不太赞成，理由是小学三年级才开设英语课程，与幼儿园对接不上是一种浪费。

对此，我解释说，2至6岁是幼儿学习语言的黄金时期，如果有语言环境，学习第二语言应该更有效，而且早期学习的语言可以储存，不会浪费。现在很多家庭经济条件不错，会经常出国旅游，或者到国外定

每位外教都很有水平

居，让孩子们在这过程中体验和学习外语，是很好的学习途径。

叶局长听我解释后说："那就办兴趣班吧！"我听了非常高兴，生怕他会改变主意，急忙道谢后赶紧离开。当然，我心中另有算盘。

那段时间，我按照原定计划筹备真正意义的"双语班"。到哪里能找到合适的外教呢？很幸运，这时贵人上门，真是天助我也！家长张家荣和大良李伟强职中的华尔嘉老师找我商量可否开办双语班。因为我早有计划，于是我们一拍即合马上行动，招聘外教，申请注册，计划招生，如期推进环境创设。

其中最重要的事情是到广东省外国专家局注册。那个时候，在广东省外国专家局注册的学校为数不多，顺德可能只有广东碧桂园学校、顺德李伟强职中和顺德机幼。而一些学校或幼儿园，可能请一两个外国人来任教，就算是办起"双语班"了。

我们在广东省外国专家局注册，并不是一劳永逸的，必须每年依时办理年审。我们是年年审，年年过，一办就是20多年。

容桂东逸湾英伦幼儿园是我第一选择

我来自塞尔维亚，几年前入职容桂东逸湾英伦幼儿园。2020年初，我回国看望妈妈和姐姐，3周后，新冠疫情爆发。我所有的东西都在顺德，我想再次回到中国，买了三次机票，飞行计划都被取消。一年半后，当我知道容桂东逸湾英伦幼儿园急需要外教时，我便马上飞了回来。

东逸湾英伦幼儿园是我的第一选择，尽管我也可以到其他培训机构任职，而且福利待遇可能更好一些，但我还是舍不得离开容桂东逸湾英伦幼儿园。在这个大家庭里，每个人都彼此关心，每一天都生活得很开心。

我很喜欢陆园长，她是一个很能干的人，说话总是一针见血。我腿部曾做过一次手术，她一见我就说："你太肥，要减10公斤，以免使双腿负重。"陆园长一语中的，听起来很受伤，但是非常实在。我听了陆园长的话，马上想办法瘦身，现在瘦了很多。

我刚到东逸湾英伦幼儿园的时候，班上来了一个特殊孩子。记得他入园4个月，没有一秒可以坐下来，四处奔跑跳跃。万不得已，我们只好请家长过来幼儿园陪读。我从塞尔维亚再次到中国顺德，这个孩子已读到大班，我发现他各个方面都有了明显进步，可以与人沟通，上课有了专注力。过去的一年半，我不知道班主任黄文锋老师施了什么魔法，但他肯定花了很多时间和精力，黄老师是容桂东逸湾英伦幼儿园非常棒的教师，与许多非常棒的教师共事，是我的幸福。

Marina

容桂东逸湾英伦幼儿园外教

77 遇到了麻烦

我们招聘外教，门槛还是比较高的，要求学历、资历（经历）、无犯罪记录、身体健康等证书材料样样齐备。视频面试的内容就更多了，包括应聘者对3～6岁孩子的教育理念、合作意识、制度接受程度等，然后我们把顺德机幼住宿条件、生活设施、工作环境、薪酬待遇等资料发给对方，双方满意才签约。外教到顺德后，我们还要带他们再去做一次体检，确保其身体健康才能正式上岗。上岗试用一个月，

没问题才执行协议。

Winnie Huff是顺德机幼迎来的第一位外教，她在美国当过播音员，音色非常甜美，又有幼儿阶段的教育经验，特别受孩子们欢迎。

另一位是来自澳大利亚的教师，带有一对子女。她飞抵香港后，我让香港的小叔、小婶前往机场迎接，然后又花钱安排其一家三口住进酒店。第二天早上，再送他们到香港中港城码头坐船抵达顺德码头。

这位澳大利亚籍教师有教学经验，我们安排她带中大混龄班，谁知到了第三周的星期一，突然不见其人影。到她宿舍一看，天呀，行李全搬走了。我即时傻了眼，多方打听方知，原来这位外教不辞而别已去了上海，大概是因为上海的薪酬更高吧。

当时真把我气坏又急坏了，刚开课，混龄班便没有了外国教师，怎么向家长交代？我一筹莫展，最后，我求助于广东碧桂园学校，请他们支援临时外教。

与此同时，我托香港耀中幼儿园李荣汉老师推荐外教，几天后，他回复我说，他家里的菲律宾女佣有个儿子Roman（罗文）在菲律宾当大学教师，如果他肯来是最好了。因为李荣汉了解到我们的薪酬待遇，算起来比在菲律宾当大学教师还要好。结果，Roman真的很快来了，帮我们解了燃眉之急。

毕竟大学与幼儿园差别甚远，Roman虽然接受了岗前培训，但任教第一年仍不知所措，放暑假回国，他的同事、朋友问他为什么大学老师不当，却跑到中国做幼儿园教师，他也不知道怎么解释。可到了第二年，当朋友再次问起，Roman已能滔滔不绝，他说做幼儿园教师不容易，并不亚于教大学生，需要有特别的能力和方法，而能当好一名幼儿园教师却有无限的乐趣。这是Roman工作几年后告诉我曾经发生的故事。至今，Roman仍在顺德工作，娶了一位广东姑娘，在顺德组建了家庭，还买了房，儿子也已10多岁。

在初期招聘的外教中，Matt是英国伯鲁克学院派来的，工作满一年，合同到期，他告知校长威廉，不想再回英国了，愿意留在顺德机幼工作。

Matt特别认同顺德机幼的办园理念、课程和管理，他留在顺德结婚生子，一干就是20多年。

陆园长是我唯一的中国老板

我来顺德之前，在英国做小学教师。顺德机幼与英国布鲁克大学合作，布鲁克大学公派我来顺德机幼上课，是合作单位专业教师。合作期满，我没有回英国，先后在顺德机关幼儿园、新城区机关幼儿园、大良万圣怡幼儿园、容桂东逸湾英伦幼儿园工作，一待就是20多年，现在我的女儿都已经12岁了。

作为班主任，每个教师都有爱心、耐心，但面对"特殊需要"幼儿，爱心、耐心都需要成倍增加。教育"特殊需要"幼儿很困难，因为他们必须由中外教师合作。为了孩子

一点点小改变，的确不容易，而中方教师付出得更多一些，因为他们要安抚孩子，与家长反复沟通。曾经有个"特殊需要"幼儿来到我班，同事们付出很多努力，他才学会聆听，学会简单的沟通，这是一个不容易实现的成果。

我是教育战线上的一名老兵，可对一线教育依然感兴趣。可能有些人不愿意在一线工作，因为一线比较消耗体力，但我很有热情，愿意继续在一线发光发热。

我之所以一直留在顺德，是因为被陆园长的人格魅力所打动。陆园长是一个相信教育的人，只有相信教育，一个国家才有未来。对于陆园长来说，钱不是最重要的，最重要的是教育。陆园长有很多举措，都是以人为本的。

我在顺德20多年，有开心的时光，也有忧愁的时光，但庆幸的是，陆园长一直站在我身边，开心的时候一起庆祝，忧愁的时候一起想办法解决。如果没有陆园长，我不可能留这里这么久。我在中国唯一的老板就是陆园长，我从来没想过给别人打工，为什么这么多外教愿意待在顺德机幼和分园，其实都是因为陆园长的人格魅力。

Matt

历任顺德机关幼儿园、大良万圣怡幼儿园、容桂东逸湾英伦幼儿园外教

78 质疑变满意

2001年，对于我和顺德机幼的同事来说，是最纠结的一年。没有铁饭碗，也没有任何福利保障，靠摸着石头慢慢过河，我的确很希望"双语班"的开办，能给我们带来新的生机。

"双语班"5月注册，6月招生，9月开学，一切按计划推进。开班时，全新"双语小班"招了30人，大中混龄班招了23人，混龄班有8个大班孩子，他们的家长胆子也算大，硬是把升大班的孩子塞进来，可对我来说是莫大的支持和信任。我因此记住了他们的名字：戎易、李子豪、欧梓锋、卢文殷、华诗韵、黄慧桃、吴堃铭、Simon。这首届"双语班"的8个孩子，英语成绩特别优秀，长大后个个有出息。

然而，"双语班"开办初期，好几位家长几乎天天跑到我办公室质疑："陆园长，我们的孩子读顺德机幼'双语班'，学费增加了，但孩子不但没有进步，就连之前在其他幼儿园学的英语单词都忘记了，现在见到苹果、雪梨都念不出，这是怎么回事？"

当时顺德机幼"双语班"每学期学费（保教费）是12000元，按"三教一保"配备，一位外教，两位中教，其中一位还是英语专业，一位保育员，其实与顺德同类型幼儿园横向比较，学费最低，而人员配备最足。

面对这一群心急的家长，我说，顺德机幼既然能请到那么好的外国教师，孩子们就一定能学好英语。我又说："各位家长，学英语是先记单词吗？不是的，平常我们交谈，也是一句一句跟孩子说，不能先说'杯'，再说'拿个杯子过来'吧，语言是从生活中习得的，我们是用'浸入式'的方法学英语，先听和说，再读和写，可能这就是我做教育和你们不是做教育的区别吧。"一席话说得大家无言以对。

为了让家长放心，我补充说："到本学期末，我们做个教学汇报，如果不行，退学费。"

说真的，一个学期能有怎样的效果，我心里完全没底。但既然承诺了，就要实干。我马上召集华尔嘉老师和两个"双语班"的全体教师开会，把原委说了一遍，希望中外教师一齐努力，用孩子感兴趣的方式，先过好听力关，下学期再在"说"方面下功夫，否则我们的"双语班"就办不下去了。我已向家长承诺，本学期末安排教学汇报。

到了学期末，我们按计划举办教学汇报会，邀请"双语班"全体家长前来观摩。每班半小时的语言活动，Winnie Huff讲的故事，孩子们都听得津津有味了，时而哈哈大笑，时而惊慌喊叫，时而神情紧张。家长看到孩子们的表现和反应，脸上都露出了满意的笑容。至此，"双语班"顺利办下来，顺德机幼由最初的两个班，增加到后来的13个班，连同几所分园，外教增加到几十人，家长们说："我们幼儿园的外教简直可以组成一个小小联合国。"

不少家长还反映，孩子们在幼儿园读完3年"双语班"，他们的英语口语能力竟然达到了小学五六年级水平，而母语也说得很流利。我孙女从"双语班"毕业，入读西山小学，我曾听四年级一班的英语老师称赞我孙女："孩子读的英语课文简直像原音。"

多年后，上海师范大学文学院商友敬教授恰好来顺德机幼参观，他对顺德机幼孩子学习英语是否影响母语发展表示担心，但当天听了罗全老师上的绘本故事《我爸爸》公开课后，对孩子们的母语表达水平赞赏有加。

79 怀念两校长

为了检验孩子们英语的听、说能力，同时提高双语班教师的活动组织能力，我在香港梁惠英校长的帮助下，邀请香港耀中学校幼儿园李荣

汉老师为大班孩子组织了连续两小时全英语活动，孩子们全程参与，英语说得很好，前来观课的家长、教师们都看得目瞪口呆。这位香港同行曾多次亲临顺德机幼上课，对我们孩子的全面发展赞不绝口。

能邀请到香港名校耀中学校（含中、小、幼）优秀男教师李荣汉莅临顺德机幼讲学，完全得益于香港两位优秀校长梁惠英和林静兰的支持。

梁惠英校长祖籍顺德杏坛，我是在一次参加香港举办的国际幼教研讨会上认识她和林静兰校长的。我们的交流很投缘，于是我邀请她与几位同样很有水平的校长来顺德指导。她们多次组队到顺德机幼和各分园参观，品尝顺德美食，我们也多次带教师、家长到她们幼儿园参观学习，所以关系密切。

当我请教梁惠英校长如何提高我们"双语班"质量时，她向我介绍了李荣汉老师，李荣汉老师也是顺德人，所以她极力推荐李荣汉老师为顺德机幼的教师培训、给孩子们上课。李荣汉老师的太太林静兰就是耀中学校幼儿部五校总校长，在香港幼教界非常有名气，不过，梁惠英校长说，林校长不一定同意丈夫李荣汉老师到顺德讲学，因为他们的经验一般不外传。我觉得这是一个极好的学习机会，想来想去，还是决定冒昧请求林校长帮忙。那天晚上，我拨通林校长电话，自报家门后，我一口气说了梁惠英校长如何称赞她在香港学前教育界的声望和所做的贡献，欣赏她丈夫李荣汉老师如何为人称道等，最后我说："林校长，我们顺德有句俗话叫'外嫁柄'，意思是说顺德女孩出嫁后，会把夫家东西带回娘家，您是我们顺德的'新抱'（媳妇），我们更需要您把贵园的办园经验通过您丈夫'柄'回顺德呢。"林校长听后哈哈大笑："陆园长，您真会讲话。"我继续把梁校长如何把李荣汉老师推荐给我的过程一五一十告诉她，并特别强调我们只用星期六和星期日的休息时间。

林校长听完马上表态："陆园长，您别客气，只要李荣汉不影响工作，他愿意去就行了。"事情就这样顺利定了下来。

我随即与李荣汉老师联系，告知他林校长已同意，建议他周五坐最后一班客轮来顺德，星期六上课，星期天上午我带他游览顺德景点，下午坐末班船返港。

李荣汉老师如约来到顺德。周五晚上，我目睹他在酒店准备第二天上课的东西，床上、地板上都摆满了教学用具。第二天，李荣汉老师上

香港耀中学校李荣汉老师亲临顺德机幼上课

课足足花了两个小时，全程说英语，孩子们非常配合，教学氛围很好。开办"双语班"的功臣华尔嘉老师见证了李荣汉老师的课堂教学，他说李老师上课生动活泼，符合孩子兴趣，他说的英语简直无可挑剔。

后来，李荣汉老师和林校长、梁校长等又多次受邀来顺德机幼指导，给我们几所幼儿园的中外教师做了很好的示范。

令人痛惜的是，几年前林校长、梁校长相继离世。我谨以此文，深切缅怀和感激两位校长的鼎力相助。

80 绝不计前嫌

一个单位的团队，往往由不同脾气、不同个性、不同风格的人集合在一起。在工作中，我遇到过个别对我全盘否定的同事，也遇到过在管理上发生冲突对我拍桌子的同事，更遇到过当众责骂我的同事。而我对待这些同事，不但不给小鞋穿，反而在关键时刻帮上他们的大忙。

顺德机幼每学年都向全体同事发放调查问卷，要求对领导班子成员工作进行评价。有一年的民意调查，90多位教职工中有3位同事对我的"德能勤绩"全盘否定。说实话，当我看到这个评定结果时，心里十分难受，为顺德机幼发展，为大家服务，我真可谓做到"忘我"的程度。但转念一想，每个人看问题的角度不同，境界不一，不可能整齐划一。因此在期末总结大会上，我对大家说："感谢各位对我们园长工作的支持，特别感谢否定我工作的3位同事，有人否定才是正常的，但因为你们没写上我具体有什么问题，星期天我请你们喝茶，好好听听你们的意见。"话音刚落，全场哄堂大笑。

徐见是一位年轻有为的教师，他原在深圳工作，是当地名师培养对象，不过因无法进入公办编制，不得不选择离开。2005年，徐见入职顺德机幼第一所分园顺德新城区机关幼儿园，我非常看好他的综合素质，他不但课上得好，而且在特殊教育、班级管理等方面能力都非常突出。他调回顺德机幼后，参加广东省副园长德育能力大赛，全凭个人力量，从顺德区到广东省，一路获得最高荣誉奖。

我们的全员培训历来安排在晚上，徐见家住北滘，相距幼儿园几十公里。培训结束后，他骑摩托车返回北滘，路程的确比较远，遇上风雨天就更加辛苦。

一天午饭后，徐见递给我一封信，他告诉我写这封信下了很大的决心。

我回宿舍拆开一看，里面五六页纸，寒暄后的内容几乎都是批评，如"不讲究鼓励方式，只有扣、扣、扣（钱），迟到扣，损失财物扣，不按时交作业扣……更不应该是安排晚上培训……"在信的结

尾，他强调："我是想了好多天才终于下决心一口气写了这封信，感觉如释重负。陆园长，我的话不一定对，意见也不一定全面，但我是说了心里话，请您理解……"我也一口气读完信，心想，现在正是午睡时间，徐见不知道我有何反应，如果他忐忑不安，起码这个中午的休息就报废了。于是，我用手机马上给他发了一条短信："不管您提的意见正确与否，也不管您说的话全面与否，但您说的都是真话。没事，先好好午睡吧。我会安排时间约您交流的。"

几天后的下午，我与徐见聊了两个多小时。回顾他的工作，肯定他的长处，提出他的不足，分析他的观点，告诉他最好全面了解情况后才下结论，不但要会提意见，还要会想出解决问题的办法。我问他："您有办法不用安排在晚上培训吗？"徐见当时提了很多建议，但都无法操作，最后说："暂时想不到。"我接着又说："扣钱不是我的本意，但您能想出不扣钱又能落实这些管理制度的方法吗？"经过一番交流，好像也行不通，所以他说："也暂时想不出来。"我说，当园长是真不容易的！我又给他的工作和处事方式提出了若干建议。在这次谈话后，徐见像换了一个人，精神面貌焕然一新，他在科学领域、自闭症孩子干预、班级管理等方面表现更加出色，一个学期后他被提拔为级长。

可惜，徐见只当了半年级长，在"六一"儿童节前最需要人手的时候，徐见提出辞职，说应聘到南海一所幼儿园任园长。我极力挽留，并为他想了"两全其美"的办法，但最终他还是选择了离开。后来，我在朋友圈里发现了他的信息："我很怀念陆园长的培训课程，如果有机会，还想晚上回来参加陆园长的业务培训，希望仍然在园工作的老同事好好珍惜……"

是的，当上园长体会就不一样了。这样的故事还发生在我和园长助理林培淼身上。我和培淼的相遇，前文已简单说过，因为那年在华南师范大学开展粤港两地幼教交流活动，他作为研究生代表，我作为一线园长代表，分别做了分享。如此，我们相遇相识，他毕业后，选择了顺德机幼。培淼的优秀、敬业、担当，人人称颂，仅凭他为照顾刚出生的儿子，每天早晚广州、顺德两地折腾，就可见他的责任心超常。为了照顾培淼，我特许他早上8时上班，但他无论如何也要赶在7时30分到岗。但为了一件重要的事情，我们也发生过冲突，在园务会议上，他生气极了，说我不尊重他的劳动，一分钟不到就"枪毙"了他的创作。我把"枪毙"的理由说得一清二楚，并阐明过程和结果的关系，最后大家达成共识。

一个月后，顺德机幼在幼儿园大山坡上，为来自英国的外教Lydia与同事郑志旺举行婚礼，礼成后吃饭前，培淼扶着我的肩膀道歉："陆园长，我那天太冲动了，抱歉！""啊，您还记得那件事吗？我早已忘了。"

我总提醒自己，一定要努力磨炼，使自己成为有信念、有境界、有胸怀和有大格局的人。

陆园长对学前教育专心专注

2006年，我入职新城区机关幼儿园，这是顺德机幼第一所分园，我在那里当了3年班主任。后来，我又到顺德机幼另一分园大良万圣怡幼儿园任职，负责顺德机幼家长学校、园报组稿编辑等工作。陆园长对文字要求特别高，文章改了一次又一次，每次都是一片红，我不仅被陆园长精益求精的精神所感染，也耳濡目染学到不少东西，为日后顺德机幼60周年、65周年园刊和成果汇编奠定了基础。

2013年，我接到任务，筹办顺德机幼第三家分园容桂东逸湾英伦幼儿园，从一砖一瓦改建，到获评广东省一级幼儿园的5年时间，在陆园长带领和顺德机幼姐妹园帮助下，我和幼儿园一起慢慢成长。再后来，我又申请调回顺德机幼本部。在顺德机幼的10年我不断成长，特别感谢陆园长和顺德机幼各园长、同事，大家相处得像兄弟姐妹一样。

说起教育，陆园长真的是一位特别执着的"专"家，这个专之所以加上引号，是因为她不是一般意义上的那种专家。我是想表达，陆园长对教育特别的专心、专注和专业。专心，陆园长对顺德机幼和学前教育真的是入了心，是发自肺腑的爱。顺德机幼的发展历程在一定程度上折射出顺德学前教育的发展历程，从公办园到民办园，从一所园到顺德机幼联园，一路走来不知遇到了多少困难，陆园长从未放弃自己对教育的追求，不仅如此，她还带领团队在改革的洪流中，不断开拓创新，这爱若不是入了心，常人恐怕很难做到；专注，陆园长一辈子专注做教育这件事，她有篇文章我特别喜爱，大意是"耐得十年板凳冷，方得今朝艳阳红"；专业，陆园长的专业大家有目共睹，无论是提炼"把唯一的童年留给每个孩子"的办园理念、建立课程体系，还是对"特殊需要"幼儿的研究，或者幼小衔接、特色办园等项目，陆园长对教育理解都是建立在自己独特思考基础上的，她的教育有真正的思想和灵魂。

千里马常有，但伯乐难求！我不是一匹好马，但我有幸遇到陆园长这位亦师亦友亦慈母般的伯乐，她像对待孩子一般包容我、鼓励我、帮助我，我想向陆园长真诚地道一声："谢谢您！"

徐见

佛山市一教育机构运营总经理

81 调查出猫腻

我到顺德机幼任园长后，一直坚持每学期末面向家长作一次无记名民意调查。不管对办园方向，还是办园水平，不管是对领导班子成员，还是对全体教职工，综合进行调查，按规定时间统一由办公室收集问卷，然后整理、分析，研究改进方法。

刚开始时，我们发现一个很奇怪的现象，明明是无记名调查，但个别班教师却知道哪位家长提了什么意见，然后采取相应措施。这就事与愿违了，这究竟是怎么回事呢？

我要求办公室同事一定要把问题弄清楚，当她们把600多份问卷一张张认真查看一遍后，最终真相大白，原来个别班的问卷背后，用铅笔备注了孩子的学号。怎么能这样做呀？我一方面约教师谈话，提出了批评，要求教师坦诚接受家长的意见，正视问题；另一方面，我又约谈家长：您女儿在班上备受教师重视，机会也多，故发展不错，但对教师存在的问题，您要直接提醒，而不是"装弹弓"，我也给家长提出了善意的批评。经过我反反复复做工作，家长同意不调班了，但教师却坚决要求把孩子调走。这个过程有些复杂，所幸，最后教师、家长都理解和释怀了。

后来，我们的调查问卷不再由各班收集，而是在园门口准备收集箱，请家长分级投放。收集箱旁边黑板张贴有各班孩子名字，完成投放后打钩，保证回收率100%，然后由办公室统一回收、归纳、整理，最后把意见分给各部门各班级，以便在新学期进一步整改和完善。至此，家长解除心理负担，反映的意见就真实得多了。

民意调查工作坚持20多年，直到现在，顺德机幼及大良万圣怡幼儿园、容桂东逸湾英伦幼儿园每学期家长满意度调查均达到97%以上。

82 成才双通道

虽然我们几所幼儿园行政岗位有限，但我们希望能有更多的名师。为此，我提出建立行政、名师成才双通道，让优秀教师根据个人特点，选择自己的职业发展方向，并非一定要做行政领导。

开设名师培养通道，我们出告示，做动员，采取个人申请，各园推荐，通过四个方面考评，最终确定培养对象。名师分为四级，各级待遇不同，一级名师薪酬最高，可与副园长等同。最后经评审小组综合评价，3所幼儿园共有8位教师入围，这些教师业务能力强，他们在区、市、省青年教师技能比赛中均获得大奖，班主任工作也做得很出色，成为我们幼儿园挑大梁的中坚。这一举措有效提高了年轻骨干教师的综合能力，让他们在各方面都发挥出示范作用。华嘉、赵靖文、李禧祺、黄文锋、李晓阳、李萍、关绮娴、陈晓媚等一批教师迅速成长起来，在各级各类大赛中独领风骚。

为培养中高层人才，我可谓要求严格，挑剔得几乎不近人情。

我一直重视培养园长，顺德机幼和几所分园先后培养了18位正、副园长，其中6位男园长。

幼儿园给教师提供成长的大舞台

赵国柱是我引进的佛山市幼教界第一位带班男教师，他在顺德机幼工作近20年，既是班主任，又是级长，后升任顺德机幼分园园长，从顺德机幼离职后，现任佛山市某教育机构副总经理。

林培淼是我引进的第一个有研究生学历的男教师，他入职后担任园长助理、副园长，现在是广州城建职业学院人文学院副教授、广东省首届学前教育专家委员会委员。

周玉坚曾任顺德机幼分园副园长，他还在一线当教师时，我和邹妩等一班同事协助他参加广东省幼儿教师职业技能大赛获得第一名，荣获广东省五一劳动奖章，后来到上海发展，现任上海世外教育集团属下幼儿园园长。

刘学曾任顺德机幼分园副园长，后去华中师范大学攻读教育管理博士学位，现在深圳发展。

徐见曾任顺德机幼分园园长，现任佛山市某教育机构运营总经理。

代礼曾任顺德机幼分园园长，现任顺德机关第二幼儿园副园长。

姚淑芳曾任顺德机幼分园副园长，现任顺德区梁銶琚夫人幼儿园保教主任。

颜国英曾任顺德机幼分园副园长，现任番禺格莱特蒙台梭利幼儿园园长。

孙英曾任顺德机幼分园保教主任、副园长，现任龙江中心幼儿园园长。

梁乐敏在顺德机幼从教师成长为副园长、园长，她还是广东省名

园长工作室主持人。

马捷、陈珑梅、梁平谦、徐江婷、罗全、黄晖如、邹妩、李魏霞、叶改娟、王小玉等，她们都是在顺德机幼或分园迅速成长起来担任重担的园长或副园长，现在仍分别在区属三园、大良万圣怡幼儿园、容桂东逸湾英伦幼儿园担任园长或副园长职务。

顺德区教育局一位领导曾对我说："陆园长您在顺德机幼至少做了三件大好事：一是培养和留住了大批人才；二是到2020年顺德机幼回归公办时，把一个维护得非常好的园舍交给了政府；三是融合教育做得非常出色。"我由衷感恩领导对我的鼓励。当然，我还想当个卖瓜的王婆自夸一下，2020年顺德机幼转回公办，留给政府的是顺德机幼这个高质量的幼教品牌。

陆园长不计成本改善办园条件

陆园长有教育家的情怀，她信念坚定，理念先进，早在1997年就提出了很有预见性和前瞻性的"把唯一的童年留给孩子"的办园理念。她善于用规划引领发展、彰显特色、锻造品牌，她管理科学，不断创新，带领爱儿善教、团结合作的顺德机幼团队，把"顺德机关幼儿园"办成了广东省内的幼教品牌。

顺德机关幼儿园改制以后，她仍然非常舍得投入，有计划改善办园条件，为了给孩子们创设良好的成长环境，几乎不计成本。2020年，顺德机幼又回归公办，众所周知，顺德机幼的基础设施、园舍维护与同样改制回归的其他园舍相比，无疑是最好的。陆园长一心扑在幼教事业上，顺德机幼也是培养园长的摇篮，从这里先后走出十多位园长，中层行政管理人员难以尽数。现在顺德三所区属幼儿园的园长都是从顺德机幼成长起来的。

陆园长是我的恩师、导师，仅仅在写作方面，她就帮我一字一句修改，实实在在帮我提升。陆园长培养了我几十年，谆谆教诲，如影随形，我对她充满无限尊敬和感激！

梁乐敏

顺德机关幼儿园园长

83 深夜惊魂电

1996年某天深夜已过12时，我突然接到同事丽贞的电话，她向我哭诉：丈夫阿乐出了大事，被一辆大货车撞倒，伤势很重，现正在顺德第一人民医院脑外科手术室抢救。我一听慌了，一骨碌爬起床，踩着自行车赶往医院。因为已是深夜，一番心理斗争后，我还是硬着头皮拨通了范宠仁院长的手机，范院长很理解我的深夜打扰，迅速安排刘杰明医生做主刀。整整一个晚上，我关注手术进展，陪着心情沉重的同事度过煎熬的漫长一夜。

阿乐的生命总算被保住，但几天后出现并发症胃出血，不省人事。我为同事突发的不幸遭遇担忧：其丈夫才30多岁，两个儿子尚幼小，一个7岁，一个刚4岁，夫妇俩又不是在编职工，医疗费怎么解决？如果抢救不过来怎么办？我不敢往下想，第二天，我带上花果篮去看望阿乐，他住在独立病房，仍昏迷不醒，我在他耳边低声说："阿乐，你要坚强挺住，绝对不能放弃，阿贞还很年轻，两个儿子又幼小，一家人都需要你，如果你能听到我的话，请动一动眼睛，或用其他什么表示一下。"我刚说完，护士突然惊喜地发现，说："你看他的眼角流出了眼泪。"护士还说，病人已几天没反应，今天真是奇迹。后来，医院努力治疗，终于把阿乐救活了。

又一天，我和几位园长去医院探望阿乐。主治医生说，病人双脚有可能萎缩，以后站立将成问题。我们再次陷入困境，所幸副园长王燕儿认识暨南大学神经科林教授。通过王燕儿协助，顺德机幼请林教授来顺德第一人民医院会诊。我问林教授，病人双脚以后会不会萎缩？林教授说，不是以后，现在已经萎缩了。我们听后心情沉重，现场一片沉默。林教授沉思了一会说："萎缩涉及神经，问题非常麻烦，现在唯有去广州金太阳康复医院试一试，但那里床位有限，很难排队，你们想想办法吧。"

我通过各种办法找到广州金太阳康复医院的院长，恳求他收治阿乐，院方同意接收，我们都感到有了希望。我又立即联系阿乐所在单位顺德职工中专梅可良校长，我告诉梅校长："贵校司机培训中心教练员阿乐遭遇车祸，伤势严重，经抢救活下来，但双腿萎缩，经林教授推荐，要去广州金太阳康复医院接受治疗，可他不是贵校在编职工，没有社保，家庭经济困难，学校能否派车送一下。如果可以，贵校和我们顺德机幼共同给予经济支持。"梅校长听了，二话不说，不但派车，还和我一起陪阿乐前往康复医院。阿乐虽然不是顺德职工中专在编教职工，但学校如此关心重视，此刻，我对梅校长肃然起敬，感激万分！

庆幸的是，阿乐在广州住了一年半后，终于可以自己站起来走

路，实现了生活自理，还能勉强做点家务，洗洗菜，煮个饭。丽贞对我说："家里电话一响，阿乐会争着第一时间拿起电话接听，只要听到是说广州话的女性，阿乐一定会问，你是陆园长吗？逢年过节，阿乐也总会提醒我，要先去陆园长家里送节。"

我对教师的关爱，并不局限在自己幼儿园。1998年，我从报纸上得知，河南辉县实验学校女教师徐洁在家访途中，被车撞倒，并被拖行了70多米，汽车从其身上碾过去继续行驶。徐洁经抢救后诊断为脊椎完全离断，腰以下被截瘫。此事引起中央领导重视，徐洁被送进北京博爱医院治疗。

我在园务会议上通报了这个新闻，全园教职工踊跃捐献爱心，为徐洁筹集到一笔慰问金。那年12月，徐洁给顺德机幼写来感谢信："尽管我们相距遥远，未曾相识，你们却对我伸出援助之手，我会带着你们诚挚的祝福，争取早日战胜伤残，回到可爱的孩子们中间。"

关爱教职工凡事尽心尽力

2006年，我入职顺德机幼。2011年，被调到大良万圣怡幼儿园，任保教主任。2020年，我被调到容桂东逸湾英伦幼儿园担任副园长。

陆园长是关爱教职工的楷模。2010年，我生完小孩，回到家乡阳江坐月子，家公重病被送进医院ICU（重症加强护理病房），因家庭经济条件有限，我不得已向幼儿园申请预支5万元，陆园长二话不说，同意预支4万元，个人再借1万元，并且叮嘱我，她的借款不用急着还。与此同时，陆园长还对我家公给予各种关心。

我还记得，大良万圣怡幼儿园有位同事，其妹在外打工，父亲守在老家，身体不好，很想儿子回老家工作。但这位同事喜欢跳舞，才艺出众，非常适合在幼儿园工作。陆园长带着园长、主任，开车跑了300多公里去看望同事家人，令同事全家人十分感动。后来，同事的父亲、奶奶都支持他留在大良万圣怡幼儿园工作。

容桂东逸湾英伦幼儿园有位同事的女儿不适应一年级学习，问题很多。陆园长得知后，及时向这位同事详细了解情况，然后到孩子所在学校与校长、班主任、科任教师深入沟通，还与容山小学郭玲校长结伴登门家访，深入了解孩子的家教情况，从而采取相应措施。后来，郭校长工作变动，陆园长又想办法把孩子转到郭校长的学校。同事的妻子没有工作，经济有困难，陆园长帮其妻子找到工作。更令人敬佩的是，为了解决这位同事女儿的问题，让同事告诉女儿妈妈外出学习，把同事的妻子接到自己家里住了一周，想方设法转变孩子的不良行为。陆园长就是这样，凡事无不尽心尽力。

叶改娟

容桂东逸湾英伦幼儿园副园长

84 抢救男外教

外教不远万里来到顺德，来到我们幼儿园工作，我因此特别记挂他们。2000年初，街上几乎碰不到外国人，而对于我们刚来的两位外教，更需要营造家的温馨。从一开始，我便把他们当作自己的亲人看待。

几乎每个月我都会安排一个星期天，让我丈夫当司机，带上英语部同事沈玉琴和外教一起游览顺德名胜古迹，感受顺德风土人情。每年春节、中秋节，我总会邀请外教来我家过节，体验中国传统文化。外教的家人来到顺德，我都会安排接待。有两位外教在顺德结婚，他们都请我当主婚人。2011年初，我们在顺德机幼小山坡为英国来的女教师Lydia和同事旺旺举办婚礼，全园同事、班上的孩子和其亲友一起见证了这场美丽的遇见。

外教笑称我是"神仙教母"，可是我也有为难和无助的时候。

外教阿森因感冒导致病毒入脑，病情危急。我们把他从顺德转到有翻译人员的番禺祈福医院，还为他发动众筹，筹集善款近30万元。

可刚送到祈福医院，医院即下达病危通知书。我们又急又惊，赶紧通知他在澳大利亚的父母。那时正好是"五一"劳动节放假，我赶赴香港，请小叔开车去机场，接到了阿森的妈妈。到了香港出入境处为其办理入境手续时，方知非常复杂和麻烦，手续一直办到傍晚5时过后，我当时与小叔都很着急，不知如何是好，幸好巧遇顺德机幼家长萍姐，她听说这件事后当即表示，马上租车送我们直达番禺祈福医院。那一刻，我难以表达对萍姐的感激和敬重！

阿森妈妈看到几乎窒息的儿子，默默流泪，只见她轻轻抚摸着儿子的手，亲他的脸，轻声地说："我来了，妈妈爱你。"我和管理外教的同事在一旁目睹，非常感慨。这大概就是中外父母的处事差别吧，情况如此危急，而做妈妈的竟能这样冷静和理性。

后来，经过医院全力抢救，这位外教终于脱离生命危险，转回顺德调理。

再后来，阿森的爸爸亲自飞到中国，来到顺德机幼，给我们送来一面锦旗表示感谢。

85 稳定的外教

20多年来，顺德机幼和几所分园都拥有一支稳定的外籍教师队伍，在顺德机幼及大良万圣怡幼儿园、容桂东逸湾英伦幼儿园任职6年以上的外教就有10多人，从双语班毕业的孩子的英语成绩一直在中小学名列前茅。

Lydia是英国人，她在国内通过教师专业培训，获得教师资格证，于是想到国外工作。出国前，Lydia妈妈说，最好选一个跟英国文化不一样的国家。刚好这个时候，一位好朋友送给Lydia一张中国地图，叫她蒙住双眼，用手指划到哪里就去哪里，结果她划到了广东顺德。

2009年，中国多个城市的学校在网上面试Lydia，但只有机幼给她发去邀请。当时，我们还请已在顺德机幼工作7年的英籍教师Matt跟Lydia通电话，向她详细介绍顺德机幼的情况，他的话非常有分量和吸引力，于是Lydia决定来中国，来到顺德机幼工作。

Lydia说，原本只想在国外工作一年，没想到在顺德机幼一待就是13年，还被顺德机幼及分园的同事评选为当时几所幼儿园的"十位最美教师"之一。

对于双语教学，Lydia有一个很明确的观点：如果小朋友有适宜的外语环境，学外语会变得轻松自在，孩子越小，学语言越自然，而不是等长大后学外语需要反复训练。Lydia说，6岁以前的小朋友，听多了不同的语言，会自然联系语言信息，更容易专注和吸收，就像海绵一样，人在小时候自信心更容易养成。所以幼儿园开展双语教学，有外教带班，孩子们说外语自然大方，不知不觉为学习外语打下了良好的基础。

作为非常有经验的教师，Lydia还被邀请到上海，为当地很有名望的世外教育集团的外教们进行培训，获得一片赞扬声。Lydia现在不但在顺德安居，还当上了幸福的妈妈。

Steve是澳大利亚人，他来中国之前，曾在工厂当过安全巡查员，同时兼职儿童足球助教。他来到中国后，应聘成为大良万圣怡幼儿园的外教，至今已任教8年。Steve教学水平高，还特别重视幼儿园安全管理，经常利用中午时间自觉巡查园内安全隐患，做好记录，及时培训同事，后来幼儿园把他选为"安全监察组长"。

一年一度的联谊交流

至于从英国来的Matt，不但文学功底扎实，而且还有一套特别的教学方法。从2002年开始，他先后分别被安排在顺德机幼、新城区机关幼儿园、大良万圣怡幼儿园、容桂东逸湾英伦幼儿园任教，至今已有21年。

陆园长就像妈妈一样关心我

我来自澳大利亚，入职大良万圣怡幼儿园，在顺德组织了小家庭，一家人生活非常幸福。

来中国之前，我曾在一个工厂做安全巡查员，兼职足球助教，专门教小朋友。我有个在澳洲读大学的广州朋友，他邀请我来中国当教师。当大良万圣怡幼儿园招聘教师时，我就应聘入职，至今已工作7年。

陆园长特别会关心教师。我两个孩子先后出生，陆园长经常来看望我们，给孩子带上生活必需品。

2022年10月，我要做颈椎手术，陆园长帮我选择医院和医生，全程跟进操心。我做完手术后见到陆园长，她第一句话就问我感觉如何，陆园长对我的关心就像妈妈一样。

我非常认同陆园长的幼教理念，她能给很多孩子思考问题的机会，万事不只有一个标准答案，她让孩子们多想办法解决问题。我们对孩子实施全人教育，孩子在幼儿园和学校，不仅学知识，还要把做人的基础打牢、打好，未来才能走得更好、更远。

Steve

大良万圣怡幼儿园外教

86 人走茶未凉

在幼儿园最需要人手的时候，假如有同事执意要离职，我不知您的感受如何？我当然很不爽，也很生气，但如果对方真要走，那就随缘吧。好马还会吃回头草的，留下一份真情不是坏事。

2009年，林培淼拿到学前教育硕士学位，一毕业就入职顺德机幼，成为我和分园园长的得力助手。我们之前商定，他在顺德机幼工作5年，可留可走。培淼家在广州，他又是个非常自律的人，每个工作日在广州、顺德两地之间往返，不迟到，不早退，可想而知他的工作非常辛苦。

培淼入职顺德机幼两年后的一天上午，他来到我办公室，面露难

色，说要与我商量一件事情。原来广州雅居乐幼教集团连园长退休，希望他接班当集团教育总监，薪酬肯定是比顺德机幼高的，还免租金给他一套120多平方米的房子。听到这里，我打断他的话："不用为难，就凭对方这些优厚条件，你就去吧！"

但是有的同事不赞成我这么轻易放人，说至少要讲讲条件。我说，人家有这么好的发展机遇，我们肯定要放人，还有什么条件可以讲。尽管培淼的人事档案刚刚调入顺德机幼，但我还是选择了对他的理解。

培淼离开顺德机幼后，我们一直保持密切联系，只要顺德机幼、分园有需要，他都会无条件提供帮助。前文所说，我之所以能招聘到乔文君老师，也得益于他的及时推荐。

梁平谦在顺德机幼当级长时，具备了去机关当公务员的条件，于是她选择了离职。后来，我了解到她对新工作感觉不怎么样，便告诉她如果愿意，还可以回顺德机幼。没多久，平谦果然回来了，后调到绿田幼儿园当副园长。大良万圣怡幼儿园开办前，我再次把平谦调回顺德机幼，安排她在新城区机关幼儿园跟岗半年后，才任大良万圣怡幼儿园园长，她这一当便是16年。

代礼离职后，还对幼儿园依依不舍，每逢孩子们有重大活动，他总会回幼儿园帮忙。我看在眼里，记在心上。代礼对我说，企业工作的氛围很难适应，很多东西也无法与顺德机幼比。我告诉他，如果我们需要教师，就联系他回来。后来，代礼真的回来了，我一样重用他，他的工作也比过去做得更好。顺德机幼分园均安鹤峰大地幼儿园开办时，我把代礼调去当级长，跟随罗全学习管理，后升任副园长。再后来，均安鹤峰大地幼儿园园长罗全调回顺德机幼，代礼便担任园长。

凡是离职的外国老师，我都交代同事要记住他们的生日，也记住他们的重要节日，以便在这些特殊日子里给他们送上祝福。而离职的外教也会惦记着我们的同事和孩子，当他们知道幼儿园需要外教时，便会义无反顾地回园支援。

有比较才有鉴别，离职的同事走出去以后，视野开阔了，思维方式也发生了变化，看待事情客观得多。

当然，人际交往看重的是真诚而实在的本质。我与同事们坦诚相告，希望想离职的同事至少提前一个学期告知，好让幼儿园及早做好人事安排，并表示即使离职，之前该属于他们的权益，也照常考虑。在这个问题上，彭静和张鹰勉等就是最好的例子。他们分别离开顺德机幼和大良万圣怡幼儿园后，我们还把上级奖励两园晋升省一级和市一级幼儿园的奖金按照他们当年的岗位职责拨到其账户，他们十分意外和惊喜。李光坤很优秀，但因为顺德机幼改制无法满足其编制要求，他便提前一个学期告知我要离职，我同意了。随后，我们要到香港参加一个学前教育的国际研讨会，我仍然让光坤参加，有同事不同意，认为光坤即将离职，不应该把这个机会给他，我说这是对他前面工作的肯定，当然可以安排他出席。我还向佛山市机关幼儿园聂园长推荐光坤，后来他到了该园任职，还当上了教研主任。

同样道理，我们计划辞退的同事，也是提前半年告知他们，提醒

他们留意物色新单位。而他们也尽心尽力做好岗位工作，离职以后，他们仍与我保持联系，只要回到顺德，一定会约我相聚，情谊依旧。

87 团建庆"三八"

2024年3月9日，大良万圣怡幼儿园、容桂东逸湾英伦幼儿园和英伦早教中心的教职工一齐为"三八"国际劳动妇女节补课，到南沙"时代部落"开展团建。在这大半天时间里，大伙儿的笑声、欢呼声响彻营地，大家收获了友谊，增强了战斗力。

时针指向9时30分，三辆大巴载着两幼一托130多位教职工，听着淅沥春雨的美妙声，一路叽叽喳喳、兴致勃勃地向着南沙出发。三军未动粮草先行，感谢负责后勤的邹洪波和梁桥枝，率领勤杂组和厨房组的全体同事把食材全部搬上车同行，佩琚和乐文又根据天气情况把活动流程做了调整，可以预料，下雨天拦不住大家向往大自然的热情，活动一定能顺利举行。

团建对抗赛以拔河拉开序幕，此次拔河赛最具创意的是把表示公平的"界布"变成一只鸡，胜者拿走。第一组是万园行政组对英伦中班组，第二组是万园小班组对英伦后勤组，第三组是万园后勤组对英伦行政组，第四组是万园中班组对英伦大班组，第五组是万园大班组对英伦小班组。

哨子未响，双方早已严阵以待，扎深马步，随时应战。只听哨子一响，各组的领头人都用尽全身力气拉扯大绳，全组人员通力合作，"一、二、三，一、二、三"，双方在整齐的助威声中互不相让，最后各领风骚。而最有奉献精神的要数万园第一组的队长邹洪波和英伦第三组队长梁桥枝，哨子刚响，双方队员刚发力，两位队长已率先倒地，两次引得大家捧腹大笑，所有人的相机、手机派上用场拍个痛快，而落败方只能眼睁睁把到手的走地鸡奉送给胜利方。哈哈！洪波和桥枝的"光荣倒地"，表现出一种"牺牲自己，成全别人"的好品质。

眼看又要下雨，赶紧合个影

　　第四组上场前，精明的"西太后"思禹悄悄走到我身边对我说："陆园长，您一会儿参加我们组比赛。""这不合规矩吧？我属行政组的呢！""您是园长，就是教师代表，我们没能力硬拼，唯有智取，您一出场，对方不敢发力。""你想得真美，皇帝上场，对方也不会让步的，那只鸡很吸引人呢！"我们两人都笑了，思禹说："不管那么多了，您上场就是。"

　　为让大家知道怎么回事，我出赛前做了个表白，谁知话音刚落，英伦组成员纷纷抗议："不能代表万园组参赛，她穿的是英伦组的运动服……"

　　你有运动服，我有"白休闲"，这时，不知万园组的谁手疾眼快，已把一件圆领白色休闲服硬套在我身上。于是，双方展开争夺战，我被大家誓死保护……

　　说来奇怪，看天气预报，9日和10日都是全天下雨的，结果是见惯不怪，因为我们几间幼儿园，包括顺德机幼和分园，从来做大事都是雨天转晴的，应该是我们全心全意为孩子的缘故吧！这一天也不例外，老天爷总在合适的时间停雨，这是对我们的特别嘉奖呢！

　　活动结束，午饭时间，天又下雨了，再次听着春雨之歌，闻着各个帐篷传出的香味，尝着烤出的、炒熟的、煮好的各种美食，大伙儿乐也融融共享快乐时光……

　　准备回程时，雨又停了，三辆大巴满载团建的余庆，队伍的温馨，食材的丰盛（剩余了很多），心满意足地返回顺德。

　　有趣的是，10日，下足了一天的雨。

孩子能健康成长，一定是家园共育的结果。园长、教师与家长打交道不但要专业，还要真心实意为孩子服务。家长有问题，及时释疑、解忧；家长有误会，真诚沟通，用行动消除误解；我们的工作有失误，那就更要真心诚恳道歉，用行动补救；家长有困难，我们尽力帮助；孩子有异常，我们要深入研究。只有这样，当幼儿园需要家长支持时，才能达成共识，目标才会一致，计划才能落地，孩子的健康成长才有保障。我经常说，家长是我们的左右手，也是我们的舞伴。

心系家长

第七篇

88 投诉即处理

2010年3月的一天早晨，我在新城区机关幼儿园门口早接，正准备出门到均安镇执行区教育局姜局长布置的工作任务，突然接到某集团杨总电话，他说要向我反映他女儿晴晴（化名）近日在园的情况。

我很抱歉地告诉杨总，因为急着下乡，最多只能腾出半小时，8时30分出发。杨总送晴晴到班后，来到我办公室，只见他神色凝重，面有苦衷，还打开笔记本，一口气反映了晴晴六七个异常现象。原本个性活泼的晴晴每天早上哭着不肯回园，天天被同伴欺负，晚餐不愿吃东西，睡觉不踏实，变得越来越瘦了，爷爷奶奶、外公外婆心疼得不得了……难怪当爸爸的这样难受、焦虑。

我听后简单分析了情况的可能性：班上最近来了一个法国小男孩，他既不懂汉语，也不懂英语，所以显得很孤独。而晴晴聪明可爱，惹人喜欢，估计这个小男孩也特别喜欢她，于是通过不合适的方式接近她，这看似晴晴受到欺负，因而出现了一系列不良反应。我告诉杨总："等我办事回来马上跟进这件事。"杨总问："能否给我一个时间表，晴晴的情况什么时候有好转？如果不行，我女儿就由您想办法转回顺德机幼。"

我笑着对杨总说："您公司建楼可以有时间表，几天一层楼，清清楚楚，但教育孩子是没有时间表的，因为每个孩子差异很大，过程受很多因素影响，要针对个体研究。"杨总愣了一下也笑了，我接着说："请您放心，事情并不复杂，我知道怎么做。"

下午回园，我到班上观察晴晴的表现，约班主任下午放学后沟通。当我详细了解各方面情况后，更加证实了我早上的分析没错，于是，我向班主任提出了几条建议：一、当天晚上与家长好好沟通，反映孩子在园的饮食、午睡、活动情况；二、马上收集法语儿歌，每天播放，增强法国小男孩安全感；三、安排能力强的两三个孩子与法国小男孩做伴，带着他一起游戏；四、多关心晴晴的生活作息，同样为她建立安全感，密切家园联系，及时反馈……

一周后，晴晴又恢复了以往的好心情，饮食、午睡都正常了，脸色也红润得多。事后，杨总告诉我，当时听到我说教育不是建楼时，他很震动，而令他最意想不到的是，我的行动如此迅速，教师的执行力度又如此强，因此问题很快得到解决。他说在公司会议上，还把这个小故事当作案例分享，说要学习"陆园长的危机处理"。

作为家委会副主任，杨总后来还在一次家委会议上感叹："我是一个人交费，三个人学习。"他这句话，后来又被华南师范大学研究

家庭教育的郑福明教授在讲课时多次引用。

2010年，我在园报《家园结》上开设教育随笔专栏，这是我写进专栏的第一个故事。

89 代家长受罚

顺德机幼门口路段是交通要道，每天早、晚堵塞厉害，经常接到市民投诉。的确，这是一个大难题，我们与上级有关部门反复研究都解决不了。最后，我们与交警部门采取"港湾式停车"办法，幼儿园早上安排人手配合。每天早晨，凡不带班的同事，都去做"交通协管员"，每个班也组织家长志愿者，轮流协助维持秩序，家长的车一停，孩子即被接走，不塞不堵，十分顺畅。这个做法早在2000年末就开始，可谓一个新创举。

有天早上，我照例站在顺德机幼大门口早接。一位家长对我说，上周她孩子班上有两位值勤的家长没有规范停车，被交警抄牌，各罚款200元，问我怎么办。

我不假思索地说："肯定是幼儿园负责啦！"并让她转告两位家长把罚单交给财务。谁知当我交代财务代交罚款时，遭到一位同事反对，她的理由似乎很充分："怎么可以让幼儿园负责呢？尽管家长是来做志愿者，但也要为孩子树立榜样，家长乱停车，接受罚款是应该的，幼儿园怎么可以帮他们交罚款呢？"我一听有点恼火，说："这是两个不同的概念，家长一大早来为幼儿园服务，这时大部分人还没上班，根本没停车位，而且我们管后勤的同事也没有做好安排，怎么能怪家长呢？这与做好孩子榜样是两码事。"这位同事仍然不同意，我更加生气："不用说了，这罚款我个人负责交。"随后，我马上拿着400元交给财务，谁知财务不肯收。我一字一顿地说："这次罚款一定不能由家长交，我是交定了，但您要告知家长，罚款是幼儿园交的。"财务无奈，只好照办，而两位家长一直不知道事情的真相。

这件事后，幼儿园负责总务的同事认真研究，为每天早上7时20分到幼儿园值勤的家长解决停车问题。我又嘱咐顺德机幼和分园总务，每天早上为值勤的志愿者家长准备一份早餐。

大良万圣怡幼儿园家长志愿者和其当礼仪小天使的孩子

90 设"园长专线"

为了收集家长的真实心声，顺德机幼在园门口设置了"园长信箱"，但两年过去，里面一无所获。

20世纪90年代末，机关企事业单位流行开设网站，顺德机幼有自己的局域网后，我在园务会议上提出开通"园长专线"，谁知又是一片反对声："不是吧，这样一来，全世界都知道顺德机幼发生了什么事情，关键是家长说的不一定对，这样会对我们机幼造成很坏的影响。"

我说，我们不要怕，因为我们有底气，我们应该给家长随时表达意见的机会，然后进行疏导，而不是一味地堵塞，或者回避矛盾。经过一番筹备和努力，2004年，顺德机幼网站开通了"园长专线"。

有些家长在"园长专线"上反映，家里的儿子总不愿意理头发，在理发店费了九牛二虎之力，也无计可施。

我获得这个信息后，觉得应该想办法帮家长解除这个烦恼。于是，我决定在顺德机幼门廊开设一间理发室。我又了解到保育员阿贞曾经当过理发师。于是，每天下午4时30分，阿贞便逐班巡视，看哪个男孩子头发长了该剪短，先做好登记，然后和教师约定时间，按顺序为孩子理发。没想到，孩子们一个个乖乖服从，家长看到后笑逐颜开，这个理发室为师生、家长服务了很多年。

"园长专线"开通以来，我们收到很多家长的建议或意见，这些内容绝大部分是善意和可操作的，我不觉得有哪个帖子对幼儿园造成过负面影响。

91 收礼的争议

事情总会有不顺心的时候。2005年某一天，新城区机关幼儿园的一位家长在"园长专线"发了一个帖子，题目叫《对机关幼儿园的极度不满》。主要内容是说，其他幼儿园逢年过节不会收礼，但顺德机幼的老师会收家长送的月饼。礼物收了，与家长沟通又不及时等。根据发帖信息，大致可猜到是哪个班的家长，事隔一段时间才知道，这

位家长在某镇政府单位工作。

我从教师那里了解到，家长突然发帖，可能是因为孩子患病被隔离在家，而这位家长很忙，觉得幼儿园处理不恰当。其实班主任已与孩子的爸爸沟通好，但爸爸又忘了跟妈妈交代，的确又因为给教师送了月饼，就借此机会表达对幼儿园的不满。当时跟帖的家长很多，对"送礼"问题各抒己见，足足有半个月。倾向最多的意见是：适逢中国传统佳节，给教师送盒月饼之类的礼物，是人之常情，你爱送就送，不爱送就不送，不必大惊小怪……

看着大家的议论，我开始一直保持沉默。半个月后，我才发声，我说首先感谢最早发帖的这位家长的意见和提醒，感谢绝大多数家长的理解。其实每逢过节前，顺德机幼及分园都会向教师强调，不要收受家长礼物，一些分园还专门写了节前致家长的一封信，明确了不送礼、不受礼的要求。

不过我又说，家长这种做法也是对教师表达真心的感谢，因为我曾经也是一位家长，也一样会发自真心要感谢孩子的老师。做人讲实际，礼物不必贵，一个贺卡、两枝鲜花就行。春节更不要包大红包，如果一定要遵循习俗，图个吉利，包5元利是就足够了。我最后在群里说："最关键的问题是，在我们顺德机幼及分园，家长送礼与否，与孩子无关，我们对所有孩子都平等看待，绝不分彼此。关于送礼、收礼的讨论到此为止，这个帖子的内容今天就全部删了。"

要想解决问题，主要靠疏导而非堵塞。我很庆幸，"园长专线"

让我第一时间了解到家长的心声，我们平等、公开、直接对话。如此，问题得到了很好的解决。

92 常态化监察

《论语·子路》说："君子和而不同，小人同而不和。"我自己这样做，也经常以此告诫我的同事，好的管理者必须采取开放的态度，乐意听取不同的声音，但前提是园长必须要有独立思考和理性判断问题的能力，恰当、直接、快速地解决问题。

园长、行政人员每天早上7时40分在园门口"办公"，一站就是一小时，迎接同事、孩子回园，方便家长"投诉"，让大家可以直截了当向园长反映问题。

我们还通过家委会开展常态化监察。幼儿园为家委会成员制作监察证，上面贴上家长个人照片，他们持证可随时进入幼儿园，进行全方位监察，事前不用知会园长。

家委会成员按教学、活动、安全、宣传等监察内容分组，平时可

以结伴入园监察，也可以单独行动，发现问题归纳起来，形成监察报告后，再向园长反馈。容桂东逸湾英伦幼儿园开办第一年，首届家委会主任陈祖东是顺德一家小有名气的企业董事长，他带着两位家委开展工作，每月召开一次例会，分析幼儿园存在的问题，有必要时才邀请园长列席会议，他们先后发现100多个问题。一年过去，陈总非常感慨：容桂东逸湾英伦幼儿园园长非常接地气，行动快，效率高，居然解决了70%的问题。

容桂东逸湾英伦幼儿园第二届家委会换届时，陈总觉得自己公司的事情实在太多忙不过来，提出不再担任家委会主任。我恳求他说，如果您确实忙，不能连任家委会主任，我们能够理解，但请陈总一定要一如既往关心家委会工作，最好为家委会培养好接班人，继续开展常态化监察。家委孙秀珍当选第二届家委会主任，她同样务实，曾为孩子们设计一个自我检查物品的彩色图表，还花钱打印几千张供孩子们使用。到了第三届家委会换届时，我又找到陈总，说如果他公司的事务忙得过来，希望陈总接任第三届家委会主任，陈总欣然答应，继续支持幼儿园工作，又做了一届家委会主任。

在陈总担任第三届家委会主任那年，我们组织顺德机幼及分园家委会成员赴香港德贞幼儿园、灵粮堂幼儿园参观，学习香港同行的经验，与其"家长教师会"切磋交流，陈总代表顺德一方分享了我们家委会协助幼儿园开展常态化监察的故事和经验。

93 家访很重要

20世纪90年代中后期，中小学基本不再上门家访，但我认为，家访仍然非常必要，从我上任开始到现在一直坚持家访，后来又有了"六访"要求，并形成了制度。

第一是普访。教师凡接手一个新班必须普访，即逐家登门拜访。2002年，新城区机关幼儿园开办，我们的教师利用节假日，由幼儿园安排车辆，送教师到几十公里外的北滘、陈村、均安、龙江等地拜访家长。当时对这一要求也有教师反对，他们说家访已过时，中小学也不再要求，有的家长又注重隐私，不一定欢迎教师去他们家里，而且家访容易让家长误会，不知道教师要去干什么。对此，我耐心说服，我说我在中小学当过7年班主任，经常利用中午、晚上家访，因为我知道家访非常重要。

家访是为了了解孩子的家庭情况，包括经济情况、育儿观念、和睦程度等，更重要的是，几位教师一起上门家访，提前和孩子认识，

这对消除孩子对幼儿园及教师的陌生感、建立安全关系尤为重要，在新学期开学时孩子的情绪将会平稳得多。我相信家长不会误会，因为家访就是为了孩子的教育更有效，而且家访前要做好准备，明确分工，家访过程要按幼儿园要求做好记录。

经过20多年的实践，我发现除特殊情况外，绝大部分家长是非常欢迎教师家访的，一些家长还热情开车接送教师。

第二是约访。凡发现孩子存在特殊行为问题，教师要做好记录，及时联系家长，约定时间，共同交流，研究对策。

第三是电话访。正常情况下孩子应在早上9时以前回园，如果这个时间还没见到孩子，教师就要电话联系家长，了解原因，避免孩子没及时回班而发生意外。20多年前，幼儿园门口还没设门禁，电话访显得特别重要。

第四是探访。凡孩子生病住院，教师一定要带上小礼物到医院探视。

第五是回访。孩子毕业上一年级，教师要按幼儿园要求回访家长，了解每个孩子在小学的各方面情况，综合分析反馈信息，以便我们完善幼儿园的保教管理。

第六是随访。家长接送孩子的时间，也是教师与家长交流的好时机。

教师家访孩子，园长家访教师。我这样要求教师，也这样要求自己。个别教师迟到，我通过家访了解原因；个别教师遭遇情感危机，我通过家访研究解决办法；个别教师面临去留抉择时，我通过家访争取其家人的支持。

家访，是解决许多问题的有效途径。

我最远的一次家访是去清远连州市。大良万圣怡幼儿园有位男教师，热爱幼儿教育，特别有艺术细胞，手工制作出众。可他爸爸、叔叔都重病，妈妈早逝，只有一个80多岁的奶奶照顾家庭，其父亲多次要求他回老家工作，可我们幼儿园舍不得让这位多才多艺的教师离开，所以我们决定去做一次家访。

那是一个星期六，我和另一位园长梁平谦，以及总务副主任戴茂林，与这位同事驱车300多公里，傍晚赶到同事家里。当我们把顺德机幼爱心基金5000元慰问金送到他爸爸手里时，老人家当即哭了。那天正是同事奶奶生日，我们坚持一起为奶奶庆祝生日，邀请他们一家去餐馆吃饭，没想到奶奶坚决反对，说当天也是她大女儿的生日，坚持要我们到其女儿家吃饭，俗语说恭敬不如从命，我们只好答应。他们家庭很温馨，席间，我对奶奶说："您的孙子很孝顺，现在您的两个儿子都有病，需要孙子回来照顾，您觉得怎么样呢？"

谁知奶奶态度坚决地说："不要回来。"她说一定支持孙子留在顺德，继续在大良万圣怡幼儿园工作。

94 16万变1元

2011年3月的一天，我正准备外出，为顺德机幼60周年园庆寻找资源，突然接到办公室主任马捷的电话，她说小一班多多（化名）不小心摔倒后撞到走廊的桌子角边，碰掉3颗门牙，现在正送往人民医院。天呀！我一听就懵了，马上给人民医院牙科陈国栋主任打电话，请他亲自医治。陈主任说："陆园长放心，已经在检查了。""有大问题吗？""应该没有太大问题。"我听后放下心头大石，马上安排副园长梁乐敏买奶粉等容易消化的食品下班后去慰问孩子。我跑到现场查看，事实很清楚：没有障碍物，也没被谁推撞，孩子跑步不小心跌倒撞向桌边。

可直到第10天，我猛然看到办公桌上放着班主任对当天事故的情况说明，这让我非常恼火。原来那天上午下雨，班主班教师为保证孩子户外活动时间，组织他们在宽敞的走廊锻炼，多多不小心跌倒在墙边，可墙边摆放着桌子。这时我完全明白，责任在于我们。当晚，我打电话向多多妈妈道歉，承认我们失职。谁知家长反应强烈，说我10天后才道歉，显然是在回避问题，推卸责任，说对我的印象大打折扣。

我再三强调过程的真实性，并说用自己的党性和人格担保。但多多妈妈无论如何不听我解释，我再次致歉，希望他们提出要求。

几天后，我又在外面为园庆之事忙碌，马捷打来电话说："陆园长，多多父母来幼儿园没见到您，我把他们送来的《索赔书》放在您办公桌上了，您回来看后不要晕倒啊！"我说不会晕倒的，因为早有心理准备。

毕竟心理上的准备与家长诉求相差太远。我一看《索赔书》，虽说没晕倒，但傻眼了，竟然足足要求赔偿16万元，包括前期治疗费、交通费、误工费、后续治疗费等。

我不得不做好应急措施：一是到多多妈妈单位咨询，了解她请了多少假，误了多少工；二是请教医院牙科主任，分析多多目前的伤势和可能的后续治疗；三是跟进检查结果；四是咨询律师，了解赔偿金额；五是集中全体保教人员到出事现场短训。

我推进一系列工作，及时获得了相关信息：一是多多妈妈没有请过事假；二是医院牙科陈主任认为应该可以长出新牙，如果家长有怀疑，他可联系上级机构"评残"；三是律师根据掌握的全部情况，算出补偿金额不足5000元。

至此，我心中有数，再次约见家长，谁知家长坚持要16万元赔偿，又不同意去"评残"，并强调："陆园长，如果商议不行，那就

只有打官司，一旦如此，我们过去的情谊就没了。"我说，即使打官司也不会影响我对你们的态度，由法官评判只会更客观和公正而已。

我按律师意见让财务把5000元转入家长缴交保教费的账户，嘱咐财务请家长回园签收。但任凭怎么说，家长就是不理睬，事情陷入僵局。

又一个多月过去，我写了一封致歉信给家长：感谢、道歉、担责、整改，该说的都说了。我最后说，幼儿园付的5000元不是赔偿费，而是给孩子买营养品和书籍的，因为"六一"儿童节快到了，就当是幼儿园给孩子的一点心意。我再次发短信、打电话，情真意切，希望他们接受我们的歉意，可是没有收效。又数月过去，还是无声无息，就这样僵持了半年，我们一筹莫展。

无奈，我只好请律师出马。某个星期天，我约了两位律师到顺德机幼调解，为怕家长有想法，事前没有告知他们。多多父母来到我办公室，等大家到齐，我向家长介绍两位律师，孩子爸爸说："啊，还请来律师呀！"我说："是的，因为事情发生至今已近半年，总要有个解决办法。"这时，孩子爸爸拿出一个文件袋放在桌上说："我们今天来，只索赔1元钱，是要幼儿园负全责。之前的5000元，我们交还给幼儿园。"

此时此刻，我感动得想哭。

律师也很动情地说："我们准备了几天的材料，今天用不上了，我们也被家长的行为感动。"

家长如此大度，我内心更感不安。此事妥善处理后，我给多多父母又写了一封感谢信，同时说计划约几位园长和多多班上的中外教师座谈，诚意邀请家长过来，给我们一次学习机会，对我们的安全管理提出意见。

这一次，多多父母如约前来，我们再次准备5000元，请他们无论如何收下，给孩子买些礼物，可他们无论如何也不肯收下。最后，我只好说："那好吧，恭敬不如从命，你们看孩子最喜欢什么玩具，我们买来送给他。"多多妈妈说："那就买一架玩具小飞机吧。"这次深度的沟通，使事情得到圆满解决，索赔从16万元降至1元。这个故事留给我们很多深刻的思考。

几年后的一天早晨，顺德机幼管理外教的吴林娱对我说："陆园长，向您报告一个好消息，读二年级的多多长出三颗门牙了。"我说："谢天谢地，真是天大的喜事！"随后，我在早会上向同事们宣布："告诉大家一个天大的喜讯，多多长出三颗新门牙了！"话音刚落，现场响起一片热烈的掌声。

95 兄妹都受伤

下面说到的这两件事，我至今仍不敢回想。

那天，读小三班的男孩子隆隆（化名）在户外活动结束回班的路上，踢了一下走廊前面矮矮的台阶，竟然自己跌倒，伤了口腔及里面的牙床。孩子在人民医院牙科的整个缝合过程，因为紧张，孩子不配合，故时间较长，影响了治疗效果。校医告诉我，家长非常难受和恼火，奶奶还跑到幼儿园大发雷霆，指着班主任雪玲责骂并且要追责，她做了事实的说明，但奶奶不接受。

第二天，奶奶来到我办公室，叉着腰，指着我鼻子骂，说她昨晚一夜未睡，说我不应该偏袒教师。好不容易等奶奶骂完，我平静地对她说："请问奶奶您说完没有？""说完了，真的生气。"

我说："奶奶您听我说完，今天晚上就能睡着了。我做事情从来没有在原则问题上护着教师，我已把这个过程了解得一清二楚。过程的始末，教师都对您说了，只是您是否相信而已。而事实就是，您孙子跌倒的地方没任何障碍物，后面也没有同伴推他，是他自己跌倒的呀，而且教师跟在队伍后面，并没有离开孩子们，当时的场景怎能说失职呢？当然孩子受伤，家人心疼，您是照顾孩子最多时间的亲人，肯定更心疼，我们理解。但其实教师和我也心疼、紧张的。所以，如果我不分青红皂白责怪教师，大家会怎么看我呢，还请奶奶多多谅解，我们还会安排专门时间开会研究如何做好安全管理的，这个事情我们绝对会负责任，孩子的医疗费用和相关合理的费用，幼儿园都承担。"

然后，我们又根据当时几个有异议的问题，专门召开全班家长会。会上，教师和我都再次向家长道歉，并强调了以后户外活动的安全管理措施，这场风波才平息下来。

若干年后的9月1日早上，我在顺德机幼门口又见到这位奶奶，她拉着我的手说："陆园长，我的大孙子已从顺德机幼毕业读上小学了，各方面表现都不错，感谢顺德机幼和教师的培养。今天，我又送这个小孙女柔柔（化名）来顺德机幼读书了。这个小孙女呀，出生很不容易，她妈妈怀她时卧床几个月。陆园长，你们要小心啊，千万不能让我这小孙女出事啊。"

开学第一天，奶奶就给我立下安全责任状，我当时怔了一下，说："奶奶，我们肯定要尽最大的努力保障孩子的安全，但真要我绝对保障孩子不受任何损伤，说句实在话，我真的没法保障，孩子毕竟年龄很小，原因又是多方面的。"

但不管如何，我还是特意给班主任打了"预防针"。谁知，越

怕黑越见鬼，开课一个月，柔柔意外跌倒，又碰掉两颗门牙。这次惨了，我在新城区机幼接到马捷的告急电话，心急如焚，马上在顺德机幼旁边的广德茶艺馆订了房间，约奶奶、孩子母女吃晚饭，了解孩子的伤情，我除了带上牛奶给孩子，还让班主任婉明写好一封信，在办公室等我电话。如此这般，虽然我当时无法知道孩子跌倒的细节，但除了道歉，更重要的是向家长表明进一步加强措施，日后如何照顾好柔柔，等等。在茶艺馆，我和奶奶一家谈了一个多小时，接到婉明的电话，我请她马上到广德茶艺馆，然后在手机里提醒她做到骂不还口，只管道歉和承诺如何照顾柔柔。

记得那一周，我们几位园长和班上教师分工做了很多工作，问题才得以解决。

96 又说打官司

容桂东逸湾英伦幼儿园小一班有个男孩走路时不小心摔倒，碰在椅子边上，伤了口腔要缝针。

当天我和园长江婷外出开会，我收到信息，知道副园长刘学已亲自开车和校医一起送受伤孩子到桂洲医院牙科诊治了。听刘学说，家长反应极其强烈，说医生告知她在岗7年，从没见过伤得这么重的。我吓得不轻，对刘学说，一是看准时机向医生了解伤势；二是要解决家长和同事的晚饭；三是先给500元家长买肉给孩子煲汤补充营养；四是把诊断结果拍照发给我。后来，我把照片转发给人民医院牙科陈国栋主任，陈主任回复我："陆园长，您不用太担心，这个医生是谁？说话有点不负责任，孩子没大问题的。"有陈主任的判断，我心上石头才落下。

第二天一早，我提着水果拜访桂洲医院牙科主任，他说按照情理，医生不会说这样的话。

我了解到，孩子父母都是教师，家里没有长辈看护孩子，也没有请保姆，为解决他们照护孩子的困难，我专门安排总务负责人把母子一天三顿的饭菜送到他们家里。

我想知道孩子到底是怎样受伤的，于是反复查看监控录像，可以百分之百确认是孩子自己的问题。两天后，我与园长江婷、副园长刘学一起再次带上500元慰问金和水果登门探访，可家长却提出赔偿两万元。说真的，我当时觉得他们有点过分，于是对他们说："我不能做这个决定，但我会向公司领导汇报。"家长说如果不赔偿就打官司。公司领导的意见很明确：根据实情，可以进一步商量解决办法，但如果家长坚持打官司那就打吧。后来律师根据事实提出，由园方给受伤

孩子付2000元慰问金，但双方要签一份协议，家长领取慰问金后此事与容桂东逸湾英伦幼儿园再没有任何关系了。这里要说明的是，连同前面两次各500元慰问金，慰问金应为3000元。园长江婷联系家长，可家长不同意签协议，当然钱也就没拿了。而我们园方也不再主动约他们，其实他们的孩子很懂事，三年在容桂东逸湾英伦幼儿园成长得很好，父母的一些教育观念也发生了变化。

97 幸好读机幼

人世间，通情达理的人总是占主流的，顺德机幼及分园的家长也不例外。当发生一些难以防控的意外时，绝大部分家长所表现出来的宽宏大量，是令人感动万分的。

记得那天，我与区妇联陈丽明主席到上海开会，下午5时，刚入住酒店，突然接到副园长梁乐敏电话，她说下午4时30分放学时，男孩子豪仔玩滑梯时，不小心从滑梯上跌下草地，造成臂骨折断，刺穿皮肤，现已送往人民医院，但联系不上孩子父母。

我一听吓坏了，坐立不安，如同热锅上的蚂蚁。此时我想到了佛山市中医院，但我不认识任何医生。这时，我又打电话询问联系上家长没有。乐敏说孩子妈妈刚到医院，我马上叫她听电话，急切地问："豪仔妈妈，现在孩子伤势较重，我知道佛山市中医院骨科更权威，我想立即办手续转院，您意下如何？""陆园长，我六神无主，您决定吧！"孩子妈妈让我拿主意。

于是，我一边让乐敏联系人民医院院长，派救护车连夜送到佛山市中医院，一边联系我在佛山的老同学妙玲，请她动用所有人脉，无论如何想办法安排床位，找到技术好的主刀医生做手术。妙玲全力以赴，帮助留床位和安排好主刀医生，确定立即手术。我远在上海等电话，心像煎熬一样难受，那一晚时间特别长。

第二天早上5时多，孩子妈妈给我打来电话："陆园长，我知道你一个晚上肯定没睡好，我这么早给你电话，就是想告诉你，昨天晚上，豪仔非常坚强，医生说手术很顺利，也很成功。最重要的是，今天一早，主诊医生一一检查了豪仔的手指，豪仔都有知觉，说明神经没受损伤，但里面放了钢钉，一年后才能取出来。"听到这里，我身上的千斤重担稍稍减轻。

我无心留在上海开会，赶紧买机票直飞佛山，下机后直奔市中医院探望豪仔，然后与园长们一一做好善后工作。

令我没想到的是，随后到来的春节，豪仔妈妈翠文在校医梁医生陪同下，带着孩子到我家拜年。我说："翠文呀，应该我去您家拜年

才对啊，您搞错了。"谁知翠文说："豪仔受伤这么严重，身边很多人提醒我找幼儿园索赔，但我坚持不那么做，因为豪仔在哪里都有可能受伤，只是庆幸是在顺德机幼受的伤。如果不是陆园长及时把我家豪仔转送到佛山市中医院，一旦手术不成功，他的手就很有可能出大问题，我应该感谢陆园长。"听了翠文这番话，我紧紧握住她的手，双眼一下潮湿了。

很多年后，我又在顺德机幼门口见到翠文："哎，翠文，您来干吗？""我最信任顺德机幼，今天又把小女儿送来了。"

一眨眼三年，翠文的女儿大班毕业，当年毕业典礼在顺德演艺中心举办。谢幕后，一个高个子男孩走到我身边，非常礼貌地向我问好，可我一时想不起来他是谁，连忙问："你是谁？我认不出来了。"男孩开心地对我说："陆园长，我就是当年摔断手的豪仔呀，现在在中山读高中。""啊，原来是豪仔呀，今天出席妹妹的毕业典礼对吗？""对呀对呀！""你的手一直没事吧？""没事，您看我的手臂很有力量呢！"豪仔边说边弯手臂，做出一个表示很有力量的动作。

百子圖

顺德，人杰地灵，是成就我事业的福地。顺德领导睿智、亲民、务实，有远见、没架子、听民意、解难题。我的工作一直得到政府很多部门领导的支持帮助、鼓励信任，他们为顺德机幼解决了一个又一个棘手的问题。

第八篇

感恩铭记……

98 政府大投入

我入职顺德机幼的30年，目睹顺德从县到市又到区，政府对学前教育不断加强领导，加大投入，在促进顺德学前教育均衡发展的同时，为发挥示范作用，顺德机幼从大良新路搬到大良环城路，再易地新建坐落在大良丹桂路，园舍设计越来越科学，功能越来越完善实用，孩子们也越来越开心。在施工期间，上级领导只要视察工地，他们都会根据实情及时调整布局和投入。

1997年，顺德机幼新园准备封顶时，时任市委书记陈用志、市长冯润胜再次亲临工地，我向两位领导反映，虽说新园建设投入2000多万元，但因前庭不大，后院窄小，还比不上现在的顺德机幼园舍实用，而且，户外活动场地面积达不到省一级幼儿园标准。几天后，我根据陈书记的要求，带上具体意见参加了中小学校舍建设会议，领导们重新讨论顺德机幼用地问题。最后把当时被顺德县房地产公司购买的地块用以地换地的方式，调配了5000平方米给顺德机幼作为运动场。

我们充分利用这块宝地，设计了标准塑胶篮球场，它成就了教师、家长和孩子的篮球之约；兴建了大山坡、运动场、小长城、大风车、大鸟笼等运动和娱乐设施，为孩子们构建起足够宽敞的活动空间。令人意想不到的是，后续增加的用地无意间让教学区与运动区更加清晰合理地分开，因而使园舍显得更加科学实用。

顺德领导喜欢放手锻炼下属，当时抓城建的副市长刘世宜让我参与了旧园改造和新园建设的设计，从外立面到平面布局，我和好几位同事都不负领导信任，潜心琢磨，反复修改，最大化地发挥了环境育人的功能，来顺德机幼参观的同行都啧啧称赞：顺德机幼的环境设计是独特而且立体的。

占地20亩、投入2000多万元的新顺德机幼，是一座别样的城堡，是孩子们流连忘返的乐园。

99 转型重公益

20世纪90年代末，全国学前教育的供需状况出现了前所未有的拐点，伴随着市场经济体制改革，公办、集体办幼儿园被纷纷推向市

场，全国各地很多公办园都陆续改制。改制后的公办园全部市场化，因而也出现了很多新问题。

在对待顺德机幼等三所公办园改制的问题上，当时的顺德市委、市政府相当理性，没有简单行事，而是用三年时间逐年减少财政拨款，直到完全脱钩以生养园。市委副书记杨肖英还多次听取我们的意见，并于2001年春节前的腊月廿八上午，她召集政府办、财政局、人事局、教育局等多个部门的有关负责人召开联席会议，我是三所公办改制幼儿园的唯一代表。

会上，大家围绕几个关键问题进行讨论：一是如何保证改制后幼儿园仍能正常运作，保证质量；二是如何保障教工的薪酬（原来教工薪酬是按政府公务员或工勤人员的标准）；三是在面向社会招生的同时如何保证公务员子女学位。最后，杨副书记要求我们三所市属公办园尽快拿出改制后的办园成本预算，春节后提交市政府办公室。

经过充分调研，市委、市政府办公室最后决定：从2001年9月新学年开始，每生每学期保教费从原来的1500元提高到5000元，幼儿园的设备设施经评估后，由全体教工折价购买，场地也是象征性地收取租金，如此，保障了教工的正常收入，稳定了队伍，改制工作得以顺利推进。

转型后的顺德机幼，实行企业化管理。但我们没有把幼儿园当作企业办。从一开始顺德机幼就没有成立董事会，所有大事都由教代会研究拍板。

金钱利益，的确是对人性的残酷考验，而我们始终头脑清醒，目标明确。我牢记著名作家冰心的话："知足知不足，有为有不为。"改制20多年，顺德机幼一直享有良好的社会声誉，家长口碑好，我们每学期都以无记名的问卷方式，收集家长意见，连续10多年，顺德机幼及其分园的家长满意度评价都达97%以上。

顺德机幼改制后，政府领导仍一直关心着幼儿园的稳定和发展。有一次，我偶遇已调佛山市政府办公室任副秘书长的周文，他见面就问："教职工吃饭受影响吗？"我笑着说："暂时不影响，但不知能否坚持，既要示范，又要吃饭，两难。"周秘书长说："先管吃饭，再管示范。"领导这寥寥数语令我倍感温暖，心中立时燃起希望。我说："领导放心，我们顺德机幼一定坚持做好同行的示范。"

100 事事皆支持

2001年，顺德机幼迎来50华诞，我们决定举办园庆。这可是顺德机幼建园50年来的第一个庆典，意义非凡但难度很大：一是改制后政府已"断奶"，没资金；二是我从没有办过如此规模又重要的活动，

没经验；三是顺德机幼没法提供多少有价值的素材，没内容。我天天苦思冥想，出了若干方案，始终无法解决资金问题。我只好向当时的市政府办公室打报告，申请拨款15万元支持园庆活动，冯润胜市长亲笔批复同意拨款。15万元不算多，但在当时的支持力度却是很大的。7月7日，园庆当天，正是高考第一天，主管教育的副市长刘世宜仍然亲临顺德机幼会场。原来他一早先在顺德一中主持开考，再赶到顺德机幼，致辞完毕，直至和平鸽放飞仪式结束，刘副市长才又立即赶回顺德一中考场。这一切，我们看在眼里，记在心上。

2005年10月的一个星期天上午，顺德机幼及分园第一届"红旗小军营"结营，很不巧遇上台风，时针已指向9时30分，天空仍下着大雨。时任佛山市政府办公室副秘书长的周文仍与我们一起耐心等候。或许，我们真心实意为孩子的情怀感动了上苍，10时停雨了，结营活动顺利举行。周秘书长这一举动，让我铭记一辈子。

我一直认为，孩子是要在活动中成长的，因此每学期，我们都巧花心思设计各式各样、内容丰富的教育活动。我们既追求活动给孩子们成长带来的真正价值，还要考虑家长上班难请假的问题，因此活动都安排在休息日，这就有点为难领导们了，他们本来就公务繁忙。但令人感动的是，只要收到请柬，他们一定有请必到。大至园庆、毕业典礼、"六一"晚会、"红旗小军营"结营，小至一个品书会，或一个园报改版会议，他们每次亲临总在活动结束合影后才离场，不知多少次，我和同事们，还有家长们都对他们和蔼亲民以及亲切关怀的举动充满敬意，并被深深感动！

有一个星期天，顺德机幼副园长王燕儿结合小说《窗边的小姑娘》组织一次教育观、儿童观的讨论，时任顺德政协主席的招汝基说他已反复读了几遍小说。他在品书会中发表了很有见地的育儿观点。

2005年1月的又一个星期天，顺德机幼园报《家园通讯》编印到34期，我们召开园报改版会议，当时已任区关工委主任的招汝基和已调到佛山高明区任副区长的周文又一同出席，他们对34期的园报做了总结，提了建议，最后一致同意把《家园通讯》改名为《家园结》。招Sir（大家对招汝基的尊称）还亲自题写了刊名。

至2022年5月，顺德机幼及几所分园联合办报28载，共编印了100期，借此期做了"园报100期庆"专版，招Sir又在园报上题词："架起家园连心桥，谱写幼教新篇章。"时任顺德区政协主席的周文则题词："守正创新，搭起一座沟通和联系家园的桥梁。"

2022年9月，顺德机幼决定与几所分园各自办报，我坚持一贯的做法，园报仍做纸质版。没有了顺德机幼的力量，办报人力明显单薄，我咬咬牙决定在短期办一份新园报。10月18日，正逢著名教育家陶行知诞辰纪念，我们利用这个切入点，在新园报开展了对陶行知教育思想和教育理论的学习交流，并将11月1日定为第一期新园报的创刊日。时间紧迫，招Sir又在5天内为大良万圣怡幼儿园、容桂东逸湾英伦幼儿园和英伦早育中心的新园报起了名、题了字。《家园之声》如期出炉，它为家园共育编织了全新的令人眼前一亮的纽带。

后　记

50多年的教育生涯，可谓百感交集，犹如喝了一瓶五味子，细品其甘醇，哽咽其苦涩。不管发生任何无法接受的不公平的事情，因为爱孩子，我也从来没妥协和被压垮。

我学历不高，水平有限，但喜欢学习和思考，更喜欢实干，在众人的扶持下，也干出了一点名堂。

从20世纪80年代至今，亲历国家对学前教育政策法规的变化，更喜于目前已立法，而万变不离其宗，国家对孩子的培养目标始终坚持德智体美劳"五育"并举。我一直不偏不倚，朝着正确的方向，也努力研究科学的方法，在幼教这片神圣的土地上努力耕耘，从而有了一些收获，积累了一些心得。正因为如此，很多年前就有同行、同事、家长，甚至专家学者都希望我整理一点东西，但一直碍于各种原因而没有行动。

2020年8月，顺德机幼回归公办，我退出园长岗位，时间相对灵活。特别感谢既是家长又是好朋友的任伟奇先生，是他一直催促和帮助我，为此书的出版做策划、找资源，希望我趁有精力把此事完成。曾经的同事林培淼也多次建议我把好的做法整理成书，甚至还提出乐意代为撰写。我谢绝了他的好意，但想想他们说得也有道理，于是咬咬牙下功夫，决定把50多年的教育经历，尤其是在幼教一线30多年的难忘故事做一次回顾和梳理，在处理好幼儿园繁杂事务的同时，我比过去起得更早睡得更晚，见缝插针，用两年多的时间完成初稿，并经过6次修改后方敢交给出版社把关。

在此，我想特别说明的是，这是一本记录自己怎么想和怎么做的书。平时我遇到问题，碰到困难，是怎么想的，然后是怎么说的，最后是怎么做的，如此这般写出来。书中每个故事都是真实的，但做法不一定正确，但如果真有那么一点点可借鉴的地方，便是抛砖引玉，承蒙厚爱了。

我特别庆幸，自己一辈子总能得到很多高人指点、贵人相助，让我每每渡过难关，向着正确目标不断迈进。

我特别感谢身边的同事、广大的家长和专家、领导，还有亲朋，是他们经常给我无微不至的关心和爱护，还要感谢那些当年被我批评过的同事，坚持让我把他们的实名写上去，说这样更深刻，这是一种超越同事的信任。为了这本书，很多同事如杨燕、马捷、继航、恩童、张敏、蔡琳等帮忙找图片、忆往事、拍照片、誊稿子，好几家公司和多位家长还慷慨解囊，专家教授忙中抽闲作序……

要感恩的人实在太多，这里难以一一赘述，总之，大家对我的关爱，没齿难忘，终生铭记！

虽说我年纪不轻，但激情不减，在有生之年，我仍谨记责任与使命，为幼教事业奉献力量，为每一个孩子留住珍贵的童年！

本书得以撰写和出版，诚挚感谢广东东逸湾集团有限公司、东莞

市福英教育发展有限公司、广东广域投资发展集团、龙的饭店有限公司、广东拔萃教育集团，陈天培先生、袁广行先生、梁裕培先生、陆卫和先生、翁卓玲女士、陈玉荣先生、翁永辉先生、孙高洁女士、林紫绚女士、胡顺恩先生、区美韫女士、麦智伟先生、何健焜女士、陈丽煊女士、何艳清女士、李炳鼎先生、谢建萍老师、卢紫君校友、林楷洋校友。